Friedrich Von Engels

《英国工人运动》句读

王淑辉◎著

THE BRITISH
LABOUR MOVEMENT

天津出版传媒集团

天津人民出版社

图书在版编目（CIP）数据

《英国工人运动》句读 / 王淑辉著. -- 天津：天
津人民出版社, 2023.4
　　ISBN 978-7-201-19341-0

　　Ⅰ.①英… Ⅱ.①王… Ⅲ.①恩格斯著作研究—工人
运动—英国 Ⅳ.①A811.24

中国国家版本馆 CIP 数据核字(2023)第 073108 号

《英国工人运动》句读
YINGGUO GONGREN YUNDONG JUDOU

出　　版　天津人民出版社
出 版 人　刘　庆
地　　址　天津市和平区西康路35号康岳大厦
邮政编码　300051
邮购电话　（022）23332469
电子信箱　reader@tjrmcbs.com

责任编辑　佟　鑫
封面设计　汤　磊

印　　刷　天津新华印务有限公司
经　　销　新华书店
开　　本　710毫米×1000毫米　1/16
印　　张　13.75
字　　数　200千字
版次印次　2023年4月第1版　　2023年4月第1次印刷
定　　价　89.00元

目 录

第一部分 《英国工人运动》写作的基本情况

　　马克思、恩格斯不仅是伟大的无产阶级思想家、理论家和革命家,而且还是卓越的无产阶级新闻事业的实践者。他们最初的革命实践就是从参加报刊活动开始的,他们一生的革命实践始终与报刊紧密相连。在长达半个多世纪的革命斗争中,他们曾经参与了十几家报刊的创办、主编和编辑工作,还先后为世界上近百家报刊撰写稿件。在1881年5—8月间,恩格斯为英国工联的机关报——《劳动旗帜报》撰写了11篇社论。后来,这11篇社论中的10篇(《两个模范市议会》译文未被收录进来)被集结成《英国工人运动》一书出版。我们要学习研究恩格斯为《劳动旗帜报》撰写的社论,首先需要了解一下恩格斯撰写这些社论的背景。

一、《英国工人运动》的写作背景

(一)恩格斯为《劳动旗帜报》撰写社论的历史背景

　　19世纪70年代以后,受巴黎公社革命运动的影响,又经历了1873年和1878—1879年爆发的经济危机,英国工人运动迅速高涨起来,而且有了新的发展,带有了一定程度的政治斗争倾向。但是由于受到工联主义的影响,加之资产阶级联合起来镇压工人运动,到19世纪70年代末,大多数工人罢工斗争均以失败告终,英国工人运动也随之陷入了低谷。

英国是最早进入工业时代的国家,既是产业革命的发源地,也是资本主义大工业的摇篮。在英国最早形成了两大对立阶级——资产阶级和无产阶级,因此英国的无产阶级人数众多,力量强大。在英国,无产阶级最早开始反抗资产阶级的斗争。"英国工人运动正式开始于18世纪后半叶。"①在19世纪三四十年代的英国宪章运动中,在英国工人阶级身上非常清楚地显示出无产阶级作为资本主义掘墓人的伟大历史作用。因此,宪章运动被看作是"世界上第一次广泛的、真正群众性的、政治上已经成型的无产阶级革命运动"②。

英国工人一开始被马克思、恩格斯寄予厚望,他们认为英国无产阶级运动理所应当地是世界无产阶级革命运动的典范,理应为其他国家的无产阶级革命斗争作出表率。1854年3月,马克思在写给工人议会的信中明确提出:"大不列颠的工人阶级最先准备好并且最先负有使命来领导最终必然使劳动得到彻底解放的伟大运动。它所以如此,是因为它清楚地认识到自己的地位,数量上的极大优势,过去的艰苦斗争的经验和现在的精神力量。"③他同时还强调要在英国全国范围内把工人阶级组织起来去完成自己的历史任务。马克思在1856年4月《人民报》创刊纪念会上发表演说时再次强调:"英国工人是现代工业的头一个产儿。当然,他们在支援这种工业所引起的社会革命方面是不会落在最后的,这种革命意味着他们的本阶级在全世界的解放,这种革命同资本的统治和雇佣奴役制具有同样的普遍性质。"④

但是让马克思、恩格斯失望的是,随着宪章运动的失败,从19世纪50年代开始,政治性的工人运动便开始迅速衰落,英国的工人运动愈来愈趋

① [英]莫尔顿、台德著:《英国工人运动史》(1770—1920),叶周、何新等译,生活·读书·新知三联书店出版社1962年版,第1页。
② 《列宁选集》第3卷,人民出版社2012年版,第792页。
③ 《马克思恩格斯全集》中文第1版第10卷,人民出版社1962年,第133—134页。
④ 《马克思恩格斯全集》中文第1版第12卷,人民出版社1962年,第4页。

向于改良主义。同时,随着"工联主义"的不断发展,在英国工人运动中,工联主义的思想开始慢慢占据统治地位。工联仅仅侧重在经济领域内开展工人运动,主张同资产阶级进行合作,企图利用合法的和平谈判,让英国工人阶级的处境得到改善。也就是说,改善英国工人阶级的处境,成为英国工联的唯一目标;"做一天公平的工作,得一天公平的工资"成为英国工人运动的主要口号;工人阶级为推翻资本主义制度而进行的斗争却遭到工联的强烈反对。

19世纪70年代以后,英国工人运动得到了进一步的发展。由于英国工人在经济上受资本家的剥削、政治上受资本家的压迫,为了改善自身面临的这种状况,提高自身的政治地位,其参与了各种社会斗争,在斗争过程中他们不断地受到教育,逐渐成长起来。但是这一时期的英国工人运动仍然在很大程度上受到工联主义的影响,始终在工联主义的狭隘圈子里面打转,主要开展经济领域的罢工斗争,并将其作为最终目标。1879年6月17日,恩格斯写信给伯恩施坦,在信中强调指出:"英国的工人运动多年来一直在为增加工资和缩短工作时间而罢工的狭小圈子里毫无出路地打转转,而且这些罢工不是被当作权宜之计和宣传、组织的手段,而是被当作最终的目的。工联甚至在原则上根据其章程排斥任何政治行动,因此也拒绝参加工人阶级作为阶级而举行的任何一般性活动。工人在政治上分为保守派和自由主义激进派,即迪斯累里(比肯斯菲尔德)内阁的拥护者和格莱斯顿内阁的拥护者。所以,关于这里的工人运动,只能说这里有一些罢工,这些罢工无论是成功还是失败,都不能把运动推进一步。"[1]在恩格斯看来,当时的英国并没有出现"具有世界历史意义的斗争,……还没有出现大陆上那样的真正的工人运动"[2]。

马克思、恩格斯自1849年到达英国后直到去世一直在英国生活,他

---

[1]《马克思恩格斯文集》第10卷,人民出版社2009年版,第437页。
[2] 同上。

们十分关注英国工人运动的发展。但在19世纪七八十年代,随着国际工人协会的总委员会驻地从伦敦迁到纽约和1874年不列颠联合会委员会的解散,英国工人运动由于受工人贵族的出现和工联主义的消极影响,逐渐陷入低谷。这一时期,英国工人运动的领导者们几乎全部向资产阶级投降,有的公开和资产阶级自由派签订了协议,有的甚至和他们勾结在一起,这使得英国工人运动的领导者们转变为工人贵族。为了帮助英国工人运动扭转这种衰微的状况,引导英国工人运动走上革命道路,马克思、恩格斯深入思考并探讨了英国工人运动中出现的一系列问题。恩格斯始终与英国工人运动保持密切的联系,十分重视英国下层工人的活动,并大力支持英国一些工人运动活动家开展的工人运动,其中包括支持和帮助他们在英国建立具有独立阶级纲领的工人阶级政党。

马克思、恩格斯在从事革命斗争和理论研究的过程中,为了让广大人民群众了解和掌握革命理论和科学社会主义思想,采取多种方式,诸如撰写文章、创办报刊、出版书籍等,想方设法使其思想和理论在人民群众中得以广泛传播。特别是恩格斯在其晚年指导各国马克思主义工人政党的报刊工作中投入了大量的精力,并且积极为这些报刊撰写文章,其中包括《劳动旗帜报》。

《劳动旗帜报》作为英国工联的机关报,于1881年5月在伦敦创刊,其主编是乔治·希普顿(George Shipton)(1839—1911)。乔治·希普顿是著名的工联主义运动活动家,改良主义者,曾担任英国工联领导成员,1872—1896年间担任工联伦敦理事会书记,还担任过彩画匠工联书记、土地和劳动同盟盟员,1881—1885年间一直担任《劳动旗帜报》的编辑。

《劳动旗帜报》作为周报,每周一期。应《劳动旗帜报》主编乔治·希普顿之邀,恩格斯自该报创刊号开始,在1881年5—8月间一直为该报撰稿。恩格斯为《劳动旗帜报》写作的原文是英文,发表时不署作者姓名,几乎每星期一篇,作为社论发表,他一共为该报写了11篇社论,这些社论有针对性地、比较系统地论述了当时英国工人运动中的一系列重要理论和实践问题。该报于1885年停刊。

（二）写作的原因

恩格斯之所以同意为《劳动旗帜报》撰稿，是因为1878—1879年英国爆发了严重的经济危机，资产阶级把危机引发的负担转移到工人阶级身上，造成了大批工人失业。这次经济危机使得大批英国工人受到沉重打击，广大工人群众对于现状越来越不满，越来越关心社会问题，"工人运动有了新的发展。它带有一定程度的政治性斗争，在当时政治舞台上日益占有重要地位。但是，工联主义的影响仍然是很广泛的深刻的，致使刚刚觉醒的工人运动，还没有能够摆脱单纯经济斗争的束缚，仍然把罢工当作最终目标，被禁锢在工联的狭隘圈子里"[1]。针对这一时期英国工人运动在单纯的经济斗争中毫无出路地打转和受工联主义的流毒影响，工人成为资产阶级政党的尾巴的基本特征，马克思在1878年2月11日写信给李卜克内西，在信中明确指出："由于1848年开始的腐败时期，英国工人阶级渐渐地、愈来愈深地陷入精神堕落，最后，简直成了'伟大的自由党'即他们自己的奴役者——资本家的政党的尾巴。英国工人阶级的领导权完全落入了卖身投靠的工联首领和职业鼓动家手中。"[2]恩格斯也在1879年6月17日写给伯恩施坦的信中强调："英国的工人运动多年来一直在为增加工资和缩短工作时间而罢工的狭小圈子里毫无出路地打转转，而且这些罢工不是被当作权宜之计和宣传、组织的手段，而是被当作最终的目的。工联甚至在原则上根据其章程排斥任何政治行动，因此也拒绝参加工人阶级作为阶级而举行的任何一般性活动。"[3]所以关于英国的工人运动，"只能说这里有一些罢工，这些罢工无论是成功还是失败，都

---

① 关勋夏：《十九世纪七十年代英国工人运动述论》，《暨南学报》（哲学社会科学），1994年第16卷第4期。

②《马克思恩格斯全集》中文第1版第34卷，人民出版社1972年版，第297页。

③《马克思恩格斯文集》第10卷，人民出版社2009年版，第437页。

不能把运动推进一步。在生意萧条的最近几年里,这样的罢工常常是资本家为找到关闭自己工厂的借口而故意制造出来的,它不能使工人阶级前进一步"①。

正因为如此,当恩格斯看到了在1878—1879年的经济危机中英国工人阶级中一部分人表现出的这种政治积极性时,他力图通过《劳动旗帜报》从论述轰轰烈烈的宪章运动开始来宣传科学社会主义,一方面,是为了引导英国工人运动走出这种单纯地为了提高工资和缩短工时进行的狭隘经济斗争的小圈子,能够开展独立的政治斗争并建立工人阶级自己的政党;另一方面,是针对"英国工人运动虽然单个行业有很好的组织,但是前进得非常缓慢"这一现实。他指出造成这种状况的主要原因之一就是对于一切理论的漠视,"如果工人没有理论感,那末这个科学社会主义就决不可能像现在这样深入他们的血肉"②。基于此,他希望通过《劳动旗帜报》向英国工人阶级宣传科学社会主义的思想,帮助其摆脱机会主义的影响,掌握马克思主义的理论,以此来指导英国工人运动的实践,引导英国工人运动突破过去那种仅仅是为了提高工资和缩短工作时间的狭隘经济斗争的范围,进行独立的政治斗争并建立工人阶级自己的政党。

(三)恩格斯停止为《劳动旗帜报》撰稿的原因

由于《劳动旗帜报》具有强烈的机会主义倾向,恩格斯在1881年8月1—2日为《劳动旗帜报》写的最后一篇《必要的和多余的社会阶级》发表在1881年8月6日《劳动旗帜报》第14号上之后,恩格斯不再为该报撰稿。

恩格斯在1881年8月10日和8月15日写给《劳动旗帜报》主编乔治·希普顿的两封信中,对于不再为该报撰稿的原因作出了明确的说明。在1881年8月初,卡尔·考茨基写了一篇关于国际工厂立法的文章

---

① 《马克思恩格斯文集》第10卷,人民出版社2009年版,第437页。
② 《马克思恩格斯全集》中文第1版第18卷,人民出版社1964年版,第565—566页。

（即后来发表在1881年8月13日《劳动旗帜报》第15号上的《国际劳工法》），主编乔治·希普顿认为，该文章的语言太激烈了，因此对该文章做了两处修改。而恩格斯认为，考茨基的文章本身不但不激烈，而且软弱无力，既然这样的文章乔治·希普顿都难以接受，那么对于自己所写的往往激烈得多的文章更加会让乔治·希普顿有同样的感觉。因此，恩格斯认为，既然如此，为了避免双方未来发生公开决裂，为了对双方都好，他决定停止继续为该报撰稿。

除了上述所说的原因之外，对于不再为该报撰稿的原因，还因为该报在1881年8月6日《劳动旗帜报》第14号上发表了约·埃卡留斯的文章——《一个德国人对英国工联主义的看法》。埃卡留斯在文章中赞扬了由麦·希尔施和弗·敦克尔于1868年创建的改良主义的德国工会（所谓的希尔施—敦克尔工会）。恩格斯认为，《劳动旗帜报》在发表关于德国的希尔施—敦克尔工会的文章之前，主编乔治·希普顿应当把文章的清样或校样寄给自己，毕竟在《劳动旗帜报》的撰稿人中间，只有自己对这个问题有所了解并且可以提出必要的意见。在他看来，这些工会与被中产阶级收买了的、或至少是领取中产阶级报酬的人所领导的最坏的英国工联没有什么区别。因此，对于《劳动旗帜报》不同自己商量，就发表论述希尔施的文章，颂扬这些工会的行为，恩格斯表示不能接受，在他看来，"埃卡留斯先生是我们事业的叛徒"①，所以他强调指出，"决不可能给为他提供版面的报纸写文章"，"无论如何，我不能继续担任报纸的撰稿人了"②。

恩格斯在后一封信中还一针见血地指出：《劳动旗帜报》没有任何一点进步，它还和过去一样，"仍然是传播关于一切政治和社会问题的形形色色的和互相矛盾的观点的工具"。在恩格斯看来，如果该报在刚刚创刊

①《马克思恩格斯全集》中文第1版第35卷，人民出版社1971年版，第203页。
②同上，第201页。

时存在这种情况,也许是不可避免的;但是过了这么久,该报仍然没有对工人阶级产生影响,让工人阶级中出现一股摆脱自由派资本家影响的新潮流。恩格斯本来打算如果有确凿迹象表明工人阶级中出现了这样的新潮流,那么自己一定会竭尽全力地帮助它,但是很遗憾,所有这些努力都没有引起任何值得一提的反响,在恩格斯看来当时并没有出现这样一股潮流。所以恩格斯认为自己每星期发表在《劳动旗帜报》上的一篇文章,完全被淹没在《劳动旗帜报》上提出的其他形形色色的观点之中,这对于《劳动旗帜报》没有多少帮助。加之由于时间关系,恩格斯已决定在工联代表大会之后停止为《劳动旗帜报》写稿;所以在这以前他是否还写几篇文章,没有任何意义。虽然希普顿回信做了解释和说明,希望恩格斯继续为该报撰稿,但还是被恩格斯回绝了。

对于这件事,恩格斯在1881年8月11日写给马克思的信中也做了说明。一方面,他介绍了自己写给乔治·希普顿的信的主要内容;另一方面,他强调自己并没有把不再继续为该报撰稿的最主要原因告诉那位主编,在恩格斯看来,"我的那些文章对该报的其他东西和对读者不起任何影响。如果多少有点影响的话,那就是来自自由贸易的秘密信徒方面的不显露的反应。报纸依然是各种可能的和不可能的幻想的混合物,而在具体政治问题上或多或少地——毋宁说是更多地——倾向于格莱斯顿。在一期或两期报上似乎出现过的反应又不见了。不列颠工人完全不想再继续前进,他们只有通过事变,通过工业垄断权的丧失,才能振作起来"①。恩格斯在当时就确信,只有到了英国的工业垄断全面崩溃之时,英国无产阶级的政治态度才会有决定性的转变。

恩格斯在1881年8月27日写给卡尔·考茨基的信中也说明了自己不再为《劳动旗帜报》撰写稿件的原因:

---

①《马克思恩格斯全集》中文第1版第35卷,人民出版社1971年版,第18—19页。

　　我把蹩脚的译文稍加修改之后，便寄给希普顿作社论用。但是好样的希普顿看不懂那篇文章，要求我修改，不过象往常一样已经太晚了。对于对工人有利的"国家干预"这个词，这位先生不知想了些什么，但想的恰恰不是其中的意思，他忘了这种国家干预在英国早已以工厂法的形式存在。更坏的是：他把"我们要求一个为了工人阶级的日内瓦公约"这句话了解为您要求在日内瓦召开一次代表会议来调整这件事！！对这种混蛋有什么办法呢？我借此机会实现了我要同《劳动旗帜报》断绝关系的决定，因为这家报纸不是变好，而是更坏了。①

　　1882年2月10日，恩格斯在写给约翰·菲力浦·贝克尔的信中回顾说："在五个月当中，我一直力图通过《劳动旗帜报》（我为它写过社论）从论述往日的宪章运动开始来传播我们的思想，看看这样是否能得到一些反应。但毫无结果，因为那位编辑（乔·希普顿），一个好心的但是很软弱的人，最后对我在该报所写的大陆上的异端邪说也感到害怕了，所以我就放弃了这个打算。"②

二、《英国工人运动》包括的主要篇目

　　《英国工人运动》收录了恩格斯发表在《劳动旗帜报》上的11篇社论。第一篇社论《做一天公平的工作，得一天公平的工资》写于1881年5月1日或2日，发表在1881年5月7日《劳动旗帜报》第1号上。第二篇社论《雇佣劳动制度》写于1881年5月15日或16日，发表在1881年5月21日《劳动旗帜报》第3号上。第三篇社论《工联》分两部分：《工联》（一）写于1881年5月20日前后，发表在1881年5月28日《劳动旗帜报》第4号上；

①《马克思恩格斯全集》中文第1版第35卷，人民出版社1971年版，第214页。
②《马克思恩格斯文集》第10卷，人民出版社2009年版，第476—477页。

《工联》(二)写于1881年5月20日前后,发表在1881年6月4日《劳动旗帜报》第5号上。第四篇社论《对法国的通商条约》写于1881年6月中旬,发表在1881年6月18日《劳动旗帜报》第7号上。第五篇社论《两个模范市议会》写于1881年6月下旬,发表在1881年6月25日《劳动旗帜报》第8号上(这篇社论未被收录进《英国工人运动》一书)。第六篇社论《美国食品和土地问题》写于1881年6月底,发表在1881年7月2日《劳动旗帜报》第9号上。第七篇社论《反谷物法同盟的工资理论》写于1881年7月初,发表在1881年7月9日《劳动旗帜报》第10号上。第八篇社论《工人政党》写于1881年7月中旬,发表在1881年7月23日《劳动旗帜报》第12号上。第九篇社论《俾斯麦和德国工人党》写于1881年7月中旬,发表在1881年7月23日《劳动旗帜报》第12号上。第十篇社论《棉花和铁》写于1881年7月底,发表在1881年7月30日《劳动旗帜报》第13号上。第十一篇社论《必要的和多余的社会阶级》写于1881年8月初,发表在1881年8月6日《劳动旗帜报》第14号上(见下表)。

表1　恩格斯在《劳动旗帜报》上发表的社论的情况

序号	篇　　名	写作时间	发表时间	发表期号
1	《做一天公平的工作,得一天公平的工资》	1881年5月1日或2日	1881年5月7日	《劳动旗帜报》第1号
2	《雇佣劳动制度》	1881年5月15日或16日	1881年5月21日	《劳动旗帜报》第3号
3	《工联》(一)	1881年5月20日前后	1881年5月28日	《劳动旗帜报》第4号
	《工联》(二)	1881年5月20日前后	1881年6月4日	《劳动旗帜报》第5号
4	《对法国的通商条约》	1881年6月中旬	1881年6月18日	《劳动旗帜报》第7号
5	《两个模范市议会》	1881年6月下旬	1881年6月25日	《劳动旗帜报》第8号
6	《美国食品和土地问题》	1881年6月底	1881年7月2日	《劳动旗帜报》第9号
7	《反谷物法同盟的工资理论》	1881年7月初	1881年7月9日	《劳动旗帜报》第10号

续表

序号	篇　名	写作时间	发表时间	发表期号
8	《工人政党》	1881年7月中旬	1881年 7月23日	《劳动旗帜报》 第12号
9	《俾斯麦和德国工人党》	1881年7月中旬	1881年 7月23日	《劳动旗帜报》 第12号
10	《棉花和铁》	1881年7月底	1881年 7月30日	《劳动旗帜报》 第13号
11	《必要的和多余的社会阶级》	1881年8月初	1881年 8月6日	《劳动旗帜报》 第14号

资料来源：根据《马克思恩格斯全集》中文第2版第25卷（人民出版社2001年版）整理。

三、《英国工人运动》的出版、翻译和传播

（一）《英国工人运动》的出版情况

恩格斯在1881年5—8月间发表在《劳动旗帜报》的11篇社论中的10篇后来被集结成《英国工人运动》一书出版。在莫尔顿和台德撰写的《英国工人运动史》（1770—1920）一书中，作者在"本书资料来源及参考书籍"中介绍了恩格斯在1881年为《劳工旗帜》周刊（The Labour Standard，即《劳动旗帜报》）撰写的这些文章收录在《英国工人运动》（The British Labour Movement，1934年出版）一书中。[①]

1936年，英国伦敦的劳伦斯与威沙特出版社（Lawrence & Wishart Publishers）将恩格斯发表在《劳动旗帜报》上的10篇文章集结出版，书名为《英国工人运动》（The British Labour Movement），全书一共46页。该书还于1941年和1944年两次再版。

---

① 转引自[英]莫尔顿、台德著：《英国工人运动史》（1770—1920），叶周、何新等译，生活·读书·新知三联书店出版社1962年版，第325页。

图1 《英国工人运动》(*The British Labour Movement*)(London : Lawrence & Wishart, 1936)

在该书中,恩格斯于1881年6月下半月写的、发表在1881年6月25日出版的《劳动旗帜报》第8号上的《两个模范市议会》未被收录进来。该书收录的文章包括(见表2):

表2 1936年出版的《英国工人运动》
(*The British Labour Movement*)一书收录的文章

序号	篇 名
1	A Fair Day's Wage For A Fair Day's Work
2	The Wages System
3	Trades Unions Ⅰ
	Trades Unions Ⅱ
4	The French Commercial Treaty
5	American Food and the Land Question
6	The Wages Theory of the Anti-Corn Law League
7	A Working Men's Party
8	Bismarck and the German Working Men's Party
9	Cotton and Iron
10	Social Classes—Necessary and Superfluous

1940年,美国纽约的国际出版社(International Publishers)出版了《英国工人运动》(*The British Labour Movement*)一书,全书一共47页。该书收录了恩格斯发表在《劳动旗帜报》上的10篇社论,同样未收录《两个模范

市议会》一文。

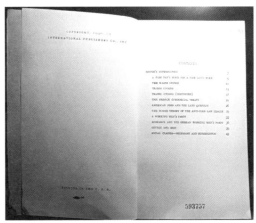

图2 《英国工人运动》)(*The British Labour Movement*)
(New York : International Publishers, 1940)

(二)《英国工人运动》在中国的翻译和出版情况

《英国工人运动》传入中国已经有80多年的历史。1940年,吴文焘翻译了《英国工人运动》的第一个中译本,由当时延安的中国工人社出版、新华书店发行。该书是"职运丛书"的第三集。在吴译本中,也未收录《两个模范市议会》这篇社论。

图3 吴文焘翻译的《英国工人运动》(中国工人社,1940年版)

中华人民共和国成立后,1950年4月和1951年3月,工人出版社出版了吴文焘翻译的《英国工人运动》第1版和第2版,这两个版本基本上是根据1940年的版本重新出版发行的。

图4　吴文焘翻译的《英国工人运动》(工人出版社1950年版)

图5　刘潇然翻译的《马克思恩格斯论工会》(工人出版社1958年版)

1958年,刘潇然翻译的《马克思恩格斯论工会》一书由工人出版社出版。该书是根据德国统一社会党中央委员会马克思、恩格斯、列宁、斯大林研究院编辑的、自由德国工会联合会"讲坛"出版社1953年出版的《马克思恩格斯论工会》翻译而成的。在刘潇然翻译的这本书中,收录了恩格斯为《劳动旗帜报》撰写的四篇社论,分别是《公平的工资,合理的工作日》(即《做一天公平的工作,得一天公平的工资》)、《雇佣劳动制度》、《工会》(即《工联》)(一)、工会(即《工联》)(二)。

1963年12月,中央编译局根据1961年出版的《马克思恩格斯全集》俄文第2版第19卷翻译或校订了《马克思恩格斯全集》第19卷中译本,该书收录了恩格斯为《劳动旗帜报》所撰写的全部12篇社论,由人民出版社出版发行。在该书的译后记中特别提道:"恩格斯在'劳动旗帜报'上发表的'做一天公平的工作,得一天公平的工资'、'雇佣劳动制度'、'工联'等十一篇文章,译校时参考了刘潇然和吴文焘的译本。"①

1980年,工人出版社再次出版《马克思恩格斯论工会》一书,在该书的出版说明中特别指出:"本社曾在1958年出版《马克思恩格斯论工会》,现在出版的这本,并不是重版或修订版,而是新编选的。"②在该书中,收录了恩格斯为《劳动旗帜报》撰写的《雇佣劳动制度》《工联》两篇社论。

图6 《马克思恩格斯论工会》(工人出版社1980年版)

---

① 《马克思恩格斯全集》中文第1版第19卷,人民出版社1963年版,第744页。
② 参见《马克思恩格斯论工会》,工人出版社1980年版。

2001年4月,中央编译局编译出版了《马克思恩格斯全集》中文第2版第25卷,这一卷收入的所有文献是根据《马克思恩格斯全集》1985年历史考证版第1部分第25卷、1988年历史考证版第1部分第27卷和1984年历史考证版第1部分第24卷翻译或重新校订的。在这一卷中,收录了恩格斯为《劳动旗帜报》撰写的11篇社论。本书是以《马克思恩格斯全集》中文第2版第25卷中收录的恩格斯撰写的10篇社论(因《两个模范市议会》这篇社论未被收录进《英国工人运动》一书,故未对该篇社论进行句读)开展句读工作。

第二部分
《英国工人运动》句读

第一篇社论
《做一天公平的工作,得一天公平的工资》

这句话是最近50年来英国工人运动的口号。[①]

文章中提到的这句话是指"做一天公平的工作,得一天公平的工资",这是英国工联领袖们在开展工人运动中提出的口号,也是自19世纪20年代以来英国工人运动中常用的一句口号。在一段时期里,英国工联的领导人们利用"做一天公平的工作,得一天公平的工资"这一口号组织和发动工人进行经济斗争,要求提高工人的工资,缩短工人的工作时间。但是英国工联运动仅仅局限于进行经济斗争,反对工人进行政治斗争。

在1824年臭名昭彰的结社法废除以后工联兴起的时期,这个口号曾经起过很好的作用;[②]

《结社法》是指1799年7月英国议会通过的一项禁止非法结社的法令。英国之所以通过《结社法》,是因为担心受到1789年爆发的法国革命的影响,英国统治阶级抛出了为英国保守的政治制度进行辩护的《法国革命感想录》。为了反驳英国统治阶级的这一论调,潘恩针锋相对地出版了

①《马克思恩格斯全集》中文第2版第25卷,人民出版社2001年版,第488页。
②同上。

《人权》一书,为改革和进步伸张权利。"这两本书,一本是保守主义的集大成之作,一本是人民主权的坚强卫士。"①这两本书出版后,将英国分成两个阵营,支持两个阵营的人纷纷写书投入论战。一场前所未有的政治大辩论席卷英国。

在这场声势浩大的政治大辩论的背景下,1791年11月,在设菲尔德成立了英国第一个工人政治组织——设菲尔德宪法知识会。1792年1月成立的伦敦通讯会(The London Corresponding Society)也是在这一政治背景下诞生的。伦敦通讯会的成立标志着英国工人阶级第一次组织起来,独立地登上了政治舞台。在其存在的七年多时间里,伦敦通讯会始终高举斗争旗帜,其成员最多时达到五万人左右,成为英国工人的核心和表率。在当时的英国出现了许多类似伦敦通讯会这样的工人政治组织,几乎遍布英国重要的城镇。

而伦敦通讯会与英国各地的组织保持着密切的联系,经常交流经验,通报各自的活动情况。伦敦通讯会还与当时的宪法知识会建立了正常的工作关系,常在一起商讨开展联合行动的问题。它们所开展的活动让英国政府感受到威胁,因为在英国政府看来,下层人民群众参与政治活动本身就是一种反叛行为。

1793年11月,英国政府在苏格兰逮捕了伦敦通讯会主席马格罗特和另一名重要成员杰拉尔德,将他们判处14年流放。1794年5月,英国政府又逮捕了伦敦通讯会和宪法知识会的主要领导人,并以叛国罪对其中的12人提起诉讼,其中包括伦敦通讯会的创始人托马斯·哈迪。受此影响,宪法知识会彻底瓦解了,伦敦通讯会继续存在了4年,在1798年4月,伦敦通讯会所有重要成员全部被捕,其活动被彻底镇压。1799年7月,英国议会通过了《结社法》,规定凡违反者,治安法官均可加以惩处,并将受

---

① 钱乘旦著:《工业革命与英国工人阶级》,南京出版社1992年版,第81页。

到3个月的监禁。①此后,英国又于1800年通过一个新的法案,对原来的法案作了细微的修改,使之比原来的稍温和一些,这个法案一直存在到1824年。《结社法》明确提出取缔伦敦通讯会,正式宣布其为非法。《结社法》禁止成立任何结社组织,这其中包括工人群众的工会、互助会等,还禁止举行集会或以联合会为目的的任何活动。《结社法》的颁布使得英国工人群众的一切自由权利都被取消了,一切合法的活动都变成"非法"的了,这标志着英国进入了自光荣革命以来最黑暗的一个历史时期。在此之后,工人的政治活动虽然存在,但是基本上都是隐入地下、秘密地开展。《结社法》虽然对工人运动的发展起到了一定的阻碍作用,但是随着英国工业生产的日益发展,英国工人力量的持续壮大,英国工人运动以锐不可当之势向前发展着。

在《结社法》通过后,秘密的结社运动一直存在着。在英国工人阶级反对《结社法》斗争的压力下,英国议会在1824年6月宣布废除该法令,这被视为"搬掉了阻碍工人运动发展的拦路石"②。在《结社法》被废除以后,英国出现了许多工会组织和工人罢工,这让统治阶级深感恐惧。于是在1825年,英国议会又通过了一项新的《结社法》,虽然允许建立工会组织,但严格限制工会的活动,结果工会虽然可以合法地存在,但工会的许多活动却是非法的。例如,仅仅是进行争取工人加入工会和参加罢工的鼓动,就被认为是"强迫"和"暴力",并按刑事罪论处。这表明英国政府依然限制工人建立工会和从事罢工活动,违法也要受到刑事处罚。

在英国,随着《结社法》的废除,第一批合法的工会组织建立起来,"结社法废除的那一年,伦敦各个行业的工会公开问世"③。"19世纪20年代下半期到30年代上半期又是工会运动大发展的时期。工会运动在这时第

---

① 王觉非主编:《近代英国史》,南京大学出版社1997年版,第374页。
② 同上,第421页。
③ [英]E.P.汤普森著:《英国工人阶级的形成》(上),钱乘旦等译,译林出版社2013年版,第239页。

一次具有全国规模,这当然和1824年废除《结社法》有很大关系。"①1829年,英国兰开夏郡的纺纱工领袖多尔蒂领导了纺纱工人大罢工,在罢工遭到失败之后,多尔蒂和罢工工人们逐渐意识到工人阶级联合起来共同进行斗争的必要性。因此,在1829年12月,正式成立了"全英纺纱工人总工会"(The Grand General Union of Operative Spinners of the United Kingdom)。1830年2月,多尔蒂又不断发展壮大工人阶级的组织,组织建立了"全国劳工保护协会"(The National Association for the Protection of Labour),这是组织全国性跨行业产业工联的第一次尝试。②

在1824年6月《结社法》被废除后,"做一天公平的工作,得一天公平的工资"这个口号得以兴起。19世纪三四十年代,工联由不同地方不同行业的联合发展到全英工人的联合,在1834年英国组成了全国大统一工会,全国职工联合组织有了自己的中央委员会等组织机构。当时,工联运动主要组织工人进行经济斗争,要求提高工资,缩短工时,其斗争口号是"公平的工资,合理的工作日"。

在英国工人走在欧洲工人阶级前列的光荣的宪章运动时期,这个口号起的作用更大。③

宪章运动指的是19世纪30—40年代发生在英国的工人阶级的第一次独立政治运动。英国是世界上第一个进行资产阶级革命和完成工业革命的国家,被称为19世纪的"世界工厂"。

进入到19世纪20年代末30年代初,英国社会的阶级矛盾进一步激化,1832年爆发了议会改革运动,历时18个月,改革取得成功。这场改革是人民斗争的成果,也是各阶层共同奋斗的结果,是英国中下层群众反对贵族地主阶级垄断政治权力的联合行动。但是在这场改革中,只有资产

---

① 钱乘旦著:《工业革命与英国工人阶级》,南京出版社1992年版,第171页。
② 同上,第172页。
③《马克思恩格斯全集》中文第2版第25卷,人民出版社2001年版,第488页。

阶级(即中等阶级)获得了参与政治的权利,进入"统治阶级"的行列,当然其并未掌握政权,居于从属地位。工人阶级是议会改革运动中贡献最大的阶级,但在改革之后却被排除在权力之外,未获得任何政治权利。因此,为了争取自身的政治权利,工人阶级被迫继续开展革命斗争,并引发了纯粹意义上的工人阶级运动——轰轰烈烈的宪章运动。

在议会改革斗争之后,1834年,英国议会通过了新的济贫法,即《济贫法(修正案)》,其规定:如果要获得救济,必须进入济贫院,这实际上剥夺了失业者和贫民得到社会救济的权利。早在伊丽莎白一世时代到18世纪,英国存在着大量的无业贫民,为了解决其带来的社会问题,1795年5月,英国颁布了一项济贫制度,这一制度明确规定:贫民的救济金数额要根据市场食品价格的变动而相应地发生变动,同时,发放贫民救济不再仅仅局限于教区内的济贫院,允许在教区内的济贫院以外区域发放。这一制度使希望得到救济的贫民有较大的居住和工作的自由。但是随着需要救济的人数的增加和政府用于救济的财政支出的增长,统治集团内部一部分人认为现有的济贫制度不合理,提出要对《济贫法》进行修改,包括要得到救济必须进入济贫院,不再采取户外救济的形式;统一全国的济贫工作,中央管理负责济贫工作的官员;政府成立由3名拥有实权的官员组成的济贫法委员会,由该委员会负责具体的济贫工作。1834年,《济贫法(修正案)》在英国议会获得通过,英国王室于8月批准该法案实施。济贫院条件极其恶劣,被称为"穷人的巴士底狱"。因此,各地爆发了反对新济贫法的请愿运动,贫苦工人成为这一运动的主要力量。

面对议会通过的不公平的《济贫法(修正案)》,工人们认为这是工人在议会没有发言权导致的结果,因此为了取得选举权,改善自己的经济政治地位,获得政治权利,英国工人阶级决心发动自己的改革运动,这就是宪章运动。

1836年6月,伦敦工人协会成立,成为斗争的组织中心。1837年,伦敦工人协会提出一份请愿书,在这份请愿书中第一次提出六项政治要求,包括平等的代表制、成年公民普选权、每年召开一次议会、取消议员的财产资格限制、无记名投票选举、议员支取薪金等。正像洛维特在一份手稿中写道的:"《人民宪章》发轫于请愿书。"①伦敦工人协会于1838年5月公布了这份包括实行普选权等六项具体要求的请愿书,其也被视为宪章运动的纲领性文件,震惊世界的宪章运动自此拉开了帷幕。

在宪章运动中,宪章派先后组织了三次大的请愿活动:第一次在1839年5月,有128万人签名;第二次在1842年5月,有331万人签名;第三次在1848年春,签名人数达570万人。但是这些请愿均遭到国会的否决。②这些请愿活动在全英范围内掀起了宪章运动的新高潮。第一次请愿失败后,各地组织损失惨重,这使许多人看到了加强组织的重要性,认为有必要建立一个全国统一的机构来指导运动,1840年7月,在曼彻斯特召开了宪章派全国代表大会,在会上成立了全国宪章派协会。全英宪章派协会的成立是英国工人运动史上划时代的大事件,它第一次在全英建立起一个统一的工人政治组织,这个组织也被视为是无产阶级政党的最早雏形。宪章派的宗旨是彻底改革下院,让下院能真正代表英国全体人民的利益,为了实现这一目的,只适合采取和平合法的手段开展斗争。由于统治阶级的镇压破坏、分化瓦解以及缺乏正确理论的指导,仅限于提出政治民主要求,没有将工人阶级社会经济方面的要求写进宪章,也没有提出工人阶级斗争的最终目标,这导致宪章派的斗争相继失利。在1848年欧洲各国革命转入低潮后,英国统治阶级加紧镇压工人斗争,坚持了12年之久的宪章运动最终失败。但宪章运动是英国无产阶级开始作为一支独立的政治力量登上历史舞台的重要标志,拉开了英国工人阶级同资产阶级争夺政治权力的序幕。

---

① 王觉非主编:《近代英国史》,南京大学出版社1997年版,第472—473页。
② 参见钱乘旦著:《工业革命与英国工人阶级》,南京出版社1992年版,第214页。

在英国宪章运动中,"做一天公平的工作,得一天公平的工资"这个口号也受到宪章派的极大关注。1839年,卡宾特在其编辑的《宪章报》(*The Charter*)中提出一系列社会要求,其中包括废除谷物税和一切消费品税,优待老弱病残,向人民提供受教育的机会,简化司法程序,解决人民的住房、娱乐问题,以及"最主要的一条:保证充分就业,充分就业的必然结果应该是一天公平的劳动,一天公平的工资"[①]。宪章派认为,"劳动是工人的唯一财产,因此根据私人财产神圣不可侵犯的原则,劳动应当受到保护,这意味着反对失业,公平的劳动应得到合理的报酬,及劳动的产品应当在劳动者中合理分配等等。"[②]

但是时代在前进,有许多50年前甚至30年前曾经是人们所想望的和必要的东西,现在已经过时和完全不适用了。这个历来为人所推崇的老口号是不是也在此列呢?[③]

恩格斯同意为《劳动旗帜报》撰写文稿的原因之一就是看到英国工人阶级的政治热情高涨,他希望引导英国工人阶级开展运动不只是为了提高工资待遇和缩短工作时间,而是要开展政治斗争并建立自己的政党,所以说"做一天公平的工作,得一天公平的工资"这个口号在恩格斯看来已经过时了。

段落大意:随着时代的不断发展,30年前或者50年前人们希望得到的或必要的东西,现在已经因为不能适应时代的发展变化而不再是人们想要的,或者已经过时了。同样的道理,"做一天公平的工作,得一天公平的工资"这个过去被推崇的、发挥过重要作用的口号也已经过时了。

做一天公平的工作,得一天公平的工资?可是什么叫一天公平的工

---

① 钱乘旦著:《工业革命与英国工人阶级》,南京出版社1992年版,第206页。
② 同上,第208页。
③《马克思恩格斯全集》中文第2版第25卷,人民出版社2001年版,第488页。

资,什么叫一天公平的工作呢? 它们是怎样由现代社会生存和发展的规律决定的呢? ①

人类社会的发展是有规律的,即生产关系一定要适应生产力状况和上层建筑一定要适应经济基础发展状况的规律,这一规律是社会发展过程中内在的本质联系和必然趋势。这里所说的"现代社会生存和发展的规律"指的是资本主义社会的经济发展规律。

段落大意:事实是不是像工联的领导人所说的那样:工人"做一天公平的工作,得一天公平的工资"? 可是这里所说的"一天公平的工作"和"一天公平的工资"指的是什么呢? 资本主义社会的经济发展规律又是如何决定"一天公平的工作"和"一天公平的工资"的呢?

要回答这个问题,我们不能凭借关于道德或法和衡平法的科学,也不能诉诸任何人道、正义甚至慈悲之类的温情。在道德上是公平的甚至在法律上是公平的,从社会上来看可能远不是公平的。②

道德是一种社会意识形态或活动方式,属于上层建筑领域,指一定社会依靠社会舆论、传统习俗和内心信念来维持并以善恶评价的方式来调整人自身、人与人、人与社会和人与自然之间的相互关系的标准、原则和规范的总称,也指那些与此相应的行为和活动。道德作为一种特殊的意识形态,是一种历史现象,是在一定的经济基础上产生的,受一定的生产方式和经济关系的制约,并随着社会经济关系的变革而发生变化,有其自身发生、发展和变化的客观规律。

历史唯物主义在肯定社会的经济基础决定道德的同时,也承认道德本身具有相对独立性,道德一经产生,便对决定它的经济关系和社会制度,有时会起到积极巩固和发展的能动作用,有时则会造成阻碍或破坏作

---

①《马克思恩格斯全集》中文第2版第25卷,人民出版社2001年版,第488页。
② 同上。

用;人们原有的道德观念和习惯在原有的社会经济关系发生变革之后,是不会立即自动地发生变化的,它的变化需要经过一个过程,即进行社会实践的斗争和开展思想教育的过程;只有经历了这样一个过程,原有的旧道德观念和习惯才能逐渐改变,适应新的社会经济关系和社会制度需要的新道德也在同旧道德的斗争中逐渐成熟和完善。

在阶级社会中,道德具有鲜明的阶级性,由一定社会和集团的阶级利益所决定,又为一定的阶级利益服务。每一个阶级,甚至每一个行业,都各有各的道德。对于剥削阶级而言,它所倡导的道德就是维护和巩固自身阶级利益的工具而已。不同社会形态中的各个阶级的道德各不相同,即使在同一社会形态中也存在着不同阶级的道德。

道德作为一种调节人们社会关系的行为规范,与其他社会意识形态相互作用,渗透于社会生活的各个领域,对人与人之间、人与社会之间的关系起调节作用,从而改变或维护社会生活秩序,推进或阻碍人类获得幸福和社会发展。道德不同于法律,不具有强制性;与法律规范相比,道德所调整的社会关系更加广泛,特别是涉及一些法律无法调整的社会关系,例如友谊、爱情、家庭生活等方面的关系。但这两种不同性质的行为规范在社会生活中是相互配合、互相补充的。一般说来,法律所肯定的行为,也是道德所嘉许的;违法犯罪行为,也是道德所否定的。①

法是一种社会意识形态,属于上层建筑的重要组成部分,是由国家制定或认可,体现统治阶级意志,规定人们的权利、义务,并以国家强制力保证实施的调节人们行为的规则(规范)的总和。

法是由统治阶级的物质生活条件决定的,一方面,法是一定的经济关系或物质利益关系的集中表现;另一方面,法对于这些关系会起到维护和发展的作用,统治阶级用法律形式将这些关系加以神圣化。法是历史的

---

① 参见徐光春主编:《马克思主义大辞典》,崇文书局2017年版,第85—86页。

产物,随着阶级和国家的出现而出现。在阶级社会,法具有阶级性,法是阶级专政的重要工具之一。任何国家政权都是被一定的阶级所掌握的,在一切阶级对立的社会中,统治阶级掌握着国家政权,它的意志也就是国家意志。统治阶级通过法规定、巩固和发展对本阶级有利的社会关系和社会秩序,以维护自己的统治。①

衡平法指的是英国法律传统中与普通法律相对而言的一种法律。英文原文是"equity",译为"公平"。以前在英国,涉及诉讼的臣民如果在诉讼中不能得到普通法院的公正审理,可以向英国国王提出申诉,由王室顾问、大法官根据"公平原则"作出裁决。15世纪左右,逐渐形成了所谓的衡平法,并建立起衡平法院,也称大法官法庭。1873—1875年,英国实行司法制度改革,把大法官法庭与高等法院合并,依据衡平法审理案件。案件主要涉及继承权、契约义务和股份公司等专门性问题。②

这里所说的"关于道德或法和衡平法的科学",指的是英国的古典政治经济学。其代表人物亚当·斯密认为任何类型的经济行为都需要有与之相应的道德观念和法律规范。他在《道德情操论》中提出以公民的幸福生活为目标的伦理思想,从人类的情感和同情心出发,讨论了审慎、克己、博爱、正义、仁慈、良心、责任、德性、习惯和效用等一系列概念,提倡"利他"的"利己"主义,在此基础上揭示出人类社会得以维系和发展的基础,以及人们在行为处事时应当遵循的一般道德准则。③

马克思、恩格斯关于分配公平问题有很多论述,其中包括恩格斯在本文中提到的两种公平问题:一种是道德公平,一种是社会公平。道德公平是指根据道德原则提出的分配公平的主张;而社会公平则指与经济发展规律相一致的分配公平主张。在马克思、恩格斯看来,"做一天公平的工

---

① 参见徐光春主编:《马克思主义大辞典》,崇文书局2017年版,第84页。

② 参见《马克思恩格斯全集》中文第2版第25卷,人民出版社2001年版,第759页。

③ 参见徐光春主编:《马克思主义大辞典》,崇文书局2017年版,第9页。

作,得一天公平的工资"就是道德上的公平。

段落大意:要回答资本主义社会中"做一天公平的工作,得一天公平的工资"这个分配问题,不能简单地从道德公平的角度来理解和解释"做一天公平的工作,得一天公平的工资"。虽然站在道德公平或者法律公平的角度来看,貌似是公平的;但是换一个角度,也就是站在社会公平的角度来看,却未必是真正公平的。

社会的公平或不公平,只能用一门科学来断定,那就是研究生产和交换这种与物质有关的事实的科学——政治经济学。[①]

在文中,恩格斯所说的"政治经济学"指的是资产阶级的政治经济学。法国经济学家、重商主义者安托万·德·蒙克莱田是第一个使用"政治经济学"术语的人。1615年,他在给法国国王路易十三的进言书——《献给国王和王后的政治经济学》中首次使用了"政治经济学"这一术语,当时的"政治经济学"尚未成为独立的真正的经济科学,只是用于研究流通领域的个别经济现象。随着亚当·斯密《国富论》的出版,标志着古典资产阶级政治经济学作为一门独立的科学建立起来了。"古典政治经济学将研究由流通过程延伸到资本主义的生产过程,把资本主义生产看作增加国民财富的最有效的源泉,论证了资本主义自由竞争制度相对于封建专制制度的合理性,在一定程度上揭示了资本主义经济的内部联系。"[②]在马克思看来,"古典政治经济学在英国从威廉·配第开始,到李嘉图结束,在法国从布阿吉尔贝尔开始,到西斯蒙第结束"[③]。这些资产阶级古典政治经济学家深入研究了资本主义的经济关系,但是同那一时期的其他资产阶级思想家一样,"在他们看来,新的科学不是他们那个时代的关系和需要的表

---

①《马克思恩格斯全集》中文第2版第25卷,人民出版社2001年版,第488页。

②《马克思主义政治经济学概论》编写组:《马克思主义政治经济学概论》,人民出版社2011年版,第16页。

③《马克思恩格斯全集》中文第2版第31卷,人民出版社1998年版,第445页。

现,而是永恒的理性的表现,新的科学所发现的生产和交换的规律,不是这些活动的历史地规定的形式的规律,而是永恒的自然规律;它们是从人的本性中引申出来的"①。也就是说,他们把"资本主义经济关系看作是永恒的理性的表现,把历史的产生的客观经济规律看作是由人们本性决定的永恒的自然规律"②。由于阶级局限性,资产阶级古典政治经济学未能建立科学的狭义政治经济学;马克思、恩格斯创立了科学的狭义政治经济学,并在此基础上建立起科学的广义政治经济学。

政治经济学有狭义和广义之分,狭义的政治经济学的研究对象是资本主义的生产方式;而广义的政治经济学是研究人类各种社会经济形态进行生产和交换并相应地进行产品分配的条件和形式的科学,且从中找出各个社会经济形态、生产方式或生产关系都能适用和遵循的产生、运行、发展、灭亡和更替的普遍运动规律。

马克思在《〈政治经济学批判〉导言》中指出,政治经济学的研究对象首先应该是"物质生产",研究"物质生产"应该将其放在具体的社会发展阶段上,即政治经济学研究的不是抽象的、脱离具体历史阶段的"生产一般"和"一般生产",而是人类各个历史阶段或某一历史阶段的具体的、现实的社会生产,是生产力和生产关系相统一的生产方式。这种具体的社会生产包括生产和分配、交换、消费四个辩证统一的环节。这四个环节之间是相互影响、相互作用的,相比较其他环节,其中生产居于决定和支配地位,当然,在一定条件下,其他环节也决定生产。所以马克思指出,政治经济学的研究对象应该是资本主义的生产方式,重点是研究资本主义的生产关系。③

在恩格斯看来,"政治经济学,从最广的意义上说,是研究人类社会中

---

① 《马克思恩格斯文集》第9卷,人民出版社2009年版,第158页。

② 顾海良主编:《马克思主义经典作家关于政治经济学一般原理的基本观点研究》,人民出版社2017年版,第17页。

③ 参见徐光春主编:《马克思主义大辞典》,崇文书局2017年版,第309页。

支配物质生活资料的生产和交换的规律的科学。生产和交换是两种不同的职能。没有交换,生产也能进行;没有生产,交换——正因为它一开始就是产品的交换——便不能发生。这两种社会职能的每一种都处于多半是特殊的外界作用的影响之下,所以都有多半是各自的特殊的规律。但是另一方面,这两种职能在每一瞬间都互相制约,并且互相影响,以致它们可以叫做经济曲线的横坐标和纵坐标。"[1]马克思、恩格斯创立的马克思主义政治经济学,是无产阶级的政治经济学。作为无产阶级政治经济学,它的研究对象是人而不是物;马克思主义政治经济学在本质上与资产阶级古典政治经济学是不同的,它是一门历史性科学,其目的是揭示社会经济运动的规律。

段落大意:由于政治经济学是揭示经济社会发展规律的科学,所以要解释社会意义上的公平问题,只能从政治经济学——这一专门研究物质的生产和交换以及相关内容的科学的角度来加以解释和说明。

那么,政治经济学把什么叫作一天公平的工资和一天公平的工作呢?那不过是雇主和雇工在自由市场上的竞争所决定的工资额和一个工作日的长度和强度。既然是这样决定的,那么它们的内容是什么呢?[2]

资产阶级古典政治经济学认为,"一天公平的工资"是指自由竞争的资本主义制度下,资本家以工资形式支付给工人的在劳动过程中所创造的价值。但是事实并非如此。由于资产阶级古典政治经济学没有对劳动和劳动力这两个不同的概念进行区分。在资产阶级古典政治经济学看来,工资就是工人劳动力的价值,就是资本家需要支付的雇佣的劳动力的价格,究其实质来说,工资只是劳动力所创造的价值的一部分,资本家虽然支付了工资,却拿走了其他被工人创造出来的价值,剥削就是由此产生

---

① 《马克思恩格斯文集》第9卷,人民出版社2009年版,第153页。
② 《马克思恩格斯全集》中文第2版第25卷,人民出版社2001年版,第488—489页。

的。"在资产阶级社会的表面上,工人的工资表现为劳动的价格,表现为对一定量劳动支付的一定量货币。"①工人为资本家工作一天,资本家就支付给工人一天的工资,表面上,资本家支付的是劳动的价值,但实际上,资本家支付的是劳动力的价值。马克思在《雇佣劳动与资本》中明确指出:"工资是资本家为一定的劳动时间或一定的劳动付出而偿付的一笔货币。"从表面来看,似乎是资本家用工资购买了工人的劳动,而对工人来说,为了从资本家那里获得工资,不得不出卖自己的劳动给资本家,但这并不是真正的事实。真正的事实是工人为了得到工资,不得不把自己的劳动力出卖给资本家。而资本家或者以天为单位,或者以星期为单位,或者以月为单位,以单位时间购买工人这个劳动力。在购买了工人这个劳动力之后,资本家就要使用工人这个劳动力,即要求工人在规定的单位时间内进行劳动。②这充分说明:工资在本质上不是劳动的价值和价格,而是劳动力的价值或价格。当劳动力的价值或价格转化为工资,表现为劳动的价值或价格时,这就造成工资的形式掩盖了必要劳动和剩余劳动、有酬劳动和无酬劳动的区别,掩盖了资本主义剥削的实质。

工作日的长度和强度指的是工人劳动时间的长短和劳动紧张、繁重程度的大小,工人劳动时间的长度和其劳动强度所蕴含的意义是不同的。工作日长度指的是劳动的外延量,而劳动强度则指劳动的内含量。劳动强度指单位时间内劳动力的消耗程度。劳动强度要提高,劳动者在同一时间内的劳动消耗(即支出更多的体力和脑力)就必须相应地增加,也就是说,要把更大量的劳动压缩在同一时间内,提高劳动力的紧张程度。而劳动的量是用劳动的持续时间计量的。这种被压缩在一定时间内的较大量的劳动,可以看作较大的劳动量,即劳动时间的延长。当其他条件保持不变的情况下,在单位时间内,对比强度较大的劳动和强度较小的劳动,

---

① 《马克思恩格斯文集》第5卷,人民出版社2009年版,第612页。
② 参见《马克思恩格斯文集》第1卷,人民出版社2009年版,第713页。

其中,强度较大的劳动需要支出较多的劳动量,同时也会提供较多的产品,在商品生产的过程中就会创造出较大的价值。

　　段落大意:那么,资产阶级古典政治经济学把什么叫作一天公平的工资和一天公平的工作呢? 在它看来,一天公平的工资只不过是资本主义制度下,经过竞争资本家支付给工人的与其劳动价值相符的劳动报酬;一天公平的工作则指工人一天的工作时长和劳动强度。既然是通过自由竞争决定的,那么一天公平的工资和一天公平的工作的具体内容是什么呢?

　　一天公平的工资,在正常情况下,就是保证劳动者按照他所处地位和所在国家的生活标准获得必要的生活资料,以保持他的工作能力和繁衍其后代所需要的金额。由于营业的好坏,实际工资额可能有时高于这个数额,有时低于这个数额;但是在正常情况下,这个数额应当是一切变动的平均数。①

　　在资产阶级古典政治经济学看来,在资本主义制度下,公平的工资是指根据劳动者生理上最低限度的需要所决定的工资,也就是说由工人身体上的原因决定的工人的工资。工资是由生产工资所必需的劳动量所决定的,即是由生产工人所需的一切生活必需品所必要的劳动时间决定的。一天公平的工资是资本家和工人根据等价交换的原则进行劳动力的买卖,即资本家付给工人与其劳动力价值相等的工资。而工人获得的这个工资是单纯地由生理上必需的生活资料的价值决定的。

　　但马克思认为,"劳动力的价值由两种要素所构成:一种是纯生理的要素,另一种是历史的或社会的要素。"②这表明劳动力的价值不仅仅包括生理上必需的生活资料的价值,即工人阶级为了让自己的生活能够得以维系、让自己的生命能够延续下去并让自身的再生产得以实现,必须获得

---

①《马克思恩格斯全集》中文第2版第25卷,人民出版社2001年版,第489页。
②《马克思恩格斯文集》第3卷,人民出版社2009年版,第73页。

能够维持自身生存和能够繁衍后代所绝对需要的生活必需品;而且还包括工人阶级所生活的国家的传统生活水平,这种生活水平不但要满足人们的生理需要,同时还要满足人们赖以生存发展的那些社会条件所产生的某些需要。事实上,在资本主义社会中,工资对于工人来说实质上是为了将自己的劳动力作为商品被迫出售给资本家,获得维续自己生活的报酬。

由于资本主义制度下存在着工人之间、资本家之间、工人和资本家之间的竞争,工资受到供求规律和竞争规律的共同制约和影响,表现为时而上涨或时而下跌。因此,马克思指出,工资并不是固定不变的,而是可变的,工资本身"不是一个固定的量,而是一个变化的量,即使假定其他一切商品的价值不变,它也是变化的"①。

马克思曾指出,在资本主义雇佣劳动制度下,"经济上公平的工资"指的是最低限度的工资。而最低限度的工资对于雇佣工人来说,就是必要生活资料的等价物,必然成为雇佣工人同劳动条件的所有者交换时的规律,这充分表明工人只能得到最低限度的工资。但与此同时,只有当工人得到了这种工资,才算是"公平的"。

段落大意:在正常情况下,根据工人的经济地位和他所在国家的生活水平,工人获得的一天公平的工资就是保证工人能够获得满足其所需要的必要的生活资料,能够使其维持自己的生活以保持其继续从事劳动的能力和保证其能够孕育后代的公平报酬。不过,由于资本主义企业的经营时好时坏,工人实际上所获得的工资数额可能有时高于这个公平的工资(即公平的报酬),有时低于这个公平的工资(即公平的报酬);但总的来说,在正常情况下,不断变化的工资的平均数就是这个公平的报酬。

---

① 《马克思恩格斯文集》第3卷,人民出版社2009年版,第74页。

一天公平的工作,是消耗工人一天的全部劳动力、但不损害他在第二天和以后完成同等数量工作的能力那样一种工作日长度和实际工作的强度。[①]

段落大意:资产阶级古典政治经济学强调,所谓一天公平的工作就是指工人一天的工作时长和工作强度,而一天的工作时长和工作强度需要保证工人消耗自己的全部劳动力之后、同时不影响他在第二天和此后完成同样的劳动量。

因此,这种交易可以这样来描述:工人把他一天的全部劳动力给资本家,也就是,在不致使这种交易无法重复进行下去的条件下,工人能给多少就得给多少。他换来的正好是使他每天能够重复这种交易所需要的生活必需品,不会更多。在交易性质所允许的限度内,工人付出的要尽可能多,资本家付出的要尽可能少。这是一种非常特殊的公平。[②]

在蒲鲁东看来,产品中所包含的一定劳动量是同劳动者的报酬(即工资),也就是同劳动价值是相等的。蒲鲁东针对劳动时间构成的价值,从中得出这样两个结论:其一是一定的劳动量和同一劳动量所创造的产品是等价的;其二是任何一个劳动日和另一个劳动日都是相等的。从蒲鲁东的结论可以看出:如果一个人的劳动量和另一个人的劳动量是相等的,那么他们二者的劳动价值也是相等的,而且在本质上这两个人的劳动是没有任何差别的。当二者的劳动量是相等的时候,可以用一个人的产品和另一个人的产品进行交换。对于所有的人来说,大家都是以相等劳动时间得到相等报酬的雇佣工人。所以交换是在完全平等的基础上实现的。[③]蒲鲁东没有认识到物化在商品中的劳动量同劳动价值是两个完全

---

① 《马克思恩格斯全集》中文第2版第25卷,人民出版社2001年版,第489页。
② 同上。
③ 参见《马克思恩格斯全集》第4卷,人民出版社1958年版,第93页。

不同的量,没有看到二者之间的差额,实际上这在无形中就掩盖了资产阶级剥削的根源。

段落大意:因此,在资本主义社会中,"做一天公平的工作,得一天公平的工资"这种劳动与资本之间的交换可以这样描述:工人将其一天的劳动能力全部发挥出来为资本家工作,也就是在不影响劳动与资本之间的交换无法重复进行下去的情况下,工人必须尽最大可能地将自己的劳动能力发挥出来为资本家工作。而工人在付出劳动之后,他得到的恰好是保证其每天能够不断地重复劳动与资本间的交换得以进行下去所需要的生活必需品,而不会得到更多的东西。在资本主义生产方式下,工人要尽可能多地付出自己的劳动而获得的劳动报酬却很少;反观资本家,他付给工人的很少而得到的却很多。这是一种非常特殊的"公平",事实上是不公平的。

但是,让我们更深入地看一下这个问题。根据政治经济学家的说法,工资和工作日是由竞争决定的,那么,似乎公平所要求的,应该是双方在平等的条件下有同样公平的起点。但是事实并非如此。如果资本家不能同工人谈妥,他能够等待得起,可以靠他的资本生活。工人就不能这样。他只能靠工资生活;因此,必须在他能够得到工作的时间、地点和条件下接受工作。工人没有公平的起点。饥饿使他处在非常不利的地位。可是,按照资本家阶级的政治经济学来说,这正是公平的最高典范。①

段落大意:但是,让我们深入地了解一下这个问题。根据资产阶级古典政治经济学家的观点,工资和工作时长是由竞争决定的,那么,"做一天公平的工作,得一天公平的工资"所要求的公平应该是工人与资本家在平等的条件下、在公平的起点上开始竞争。但是事实并不是这样的。在资

---

① 《马克思恩格斯全集》中文第2版第25卷,人民出版社2001年版,第489页。

本主义制度下，由于事实上的不平等的存在，如果工人和资本家之间不能就工资、工作时间等问题在公平的条件下达成协议时，对于资本家来说，不论多长时间，他都可以等待双方协议的达成，由于他占有生产资料，可以依靠其生活。但是对于工人来说就无法做到这一点了。由于他不占有任何生产资料，只拥有自己的劳动，只能靠出卖自己的劳动力换得工资来生活，所以工人为了获得工作，只能接受资本家规定的工作时间、工作地点和工作条件。在资本主义制度下，资本家和工人不是处于平等竞争的地位，对于工人来说并没有公平起点而言。在资本主义制度下，食不果腹使工人处于非常不利的地位。但是，按照资产阶级政治经济学的观点，这才是公平的最高范例。

　　然而这还是小事。新行业采用机械力和机器，原来就采用机器的行业扩充和改善机器，从而把越来越多的"人手"从工作岗位上排挤出去。而排挤的速度，比国内的工厂吸收和雇用这些被排挤的"人手"的速度要快得多。这些被排挤的"人手"，形成一支真正的产业后备军供资本家利用。如果营业不好，他们就会挨饿、行乞、偷盗或者进习艺所。如果营业好，他们可以随时被用来扩大生产。①

　　习艺所是一个劳动安置所，它和济贫院都是英国政府根据议会1834年通过的新的济贫法而设立的。习艺所以提供劳动救济为主，济贫院则以提供生活救济为主。英国作为世界上第一个资本主义国家，随着其资本主义的不断发展和经过圈地运动后广大农民的土地被剥夺，这就造成了大量的贫民失业。英国政府一方面为了减少对丁失业贫民的救济费用；另一方面，为了给新兴的工业资产阶级提供大量的廉价劳动力，他们把大量的失业贫民赶进了习艺所。在习艺所中，这些失业的贫民生活极

---

①《马克思恩格斯全集》中文第2版第25卷，人民出版社2001年版，第490页。

其凄惨,他们不但要从事毫无用处的繁重体力劳动,生活状况比最穷的工人还要差,而且他们的很多人身权利和自由受到了一定程度的限制,例如,不许接受亲友的接济,不准抽烟,外出要提前请假,家庭成员要分居等;一旦犯错,还要遭受种种非人的折磨。因此,马克思把"习艺所"称为"无产者的巴士底狱"。

段落大意:然而这还算不上是什么大事。随着新兴的行业开始采用大机器进行生产,加之原有一直利用大机器进行生产的行业不断扩大机器生产的规模和更新机器设备,这就造成越来越多的工人被迫失去工作。而失业的工人数量,远远高于资本主义国家的工厂能够吸纳和雇佣的工人的数量。这些失业的工人就成为一支真正的可供资本家随时雇佣的后备力量。如果经济不景气,这些失业的工人无法实现就业,就不得不忍饥挨饿、沿街乞讨、偷盗,甚至不得不进入习艺所。如果经济形势变好,这些失业的工人可以随时被资本家雇佣,以实现资本主义的扩大再生产。

除非这支后备军中的最后一个男人、女人或儿童都找到工作(这只有在疯狂的过度生产时期才办得到),否则这支后备军的竞争总是会把工资压低,而且单是它的存在本身,就会加强资本家在与劳动者的斗争中的力量。在与资本家的竞争中,劳动者不仅处于不利地位,而且还要拖着钉在脚上的铁球。但是,根据资本家的政治经济学,这是公平的。①

产业后备军指的是资本主义社会经常存在的大量失业和半失业的人口。产业后备军是由相对过剩的人口构成的。要进行资本主义生产,仅靠人口自然增长所提供的可供支配的劳动力数量是远远不够的,它需要有一支不以这种自然限制为转移的产业后备军。随着劳动生产力的提高,资本造成的劳动力供给比资本对劳动力的需求大得多,工人阶级中就

①《马克思恩格斯全集》中文第2版第25卷,人民出版社2001年版,第490页。

业部分的过度劳动,又进一步缩小了资本对劳动力的需求,扩大了后备军的队伍,成为资本家致富的手段。产业后备军随资本主义再生产的循环周期而此起彼伏,在资本主义发生经济危机时,由于生产规模缩小,资本对劳动力的需求减小,这就造成了失业人口的增加;等到资本主义经济复苏高涨时,资本对劳动力的需求增加,失业人口就成为扩大再生产的后备力量。由于产业后备军的存在,造成资本家压低工人的工资,提高对工人的剥削程度。所以,产业后备军既是资本主义积累的必然产物,又是资本主义生产方式存在和发展的有利条件。[1]

段落大意:只有这些产业后备军中的所有人,无论男女老幼都能找到工作(但这种情况只有在资本主义疯狂的过度生产时期才能够出现),否则,为了得到工作,这些失业的工人必然会引起竞争,从而会造成工人工资的下降,而且这些产业后备军的存在本身就会让资本家在与工人的竞争中处于优势地位。工人在与资本家的竞争中,不仅处于劣势,而且还被束缚住手脚,无法与之进行公平的竞争。但是,资产阶级政治经济学却把这称为公平。

然而我们要问,资本家用来支付这笔极其公平的工资的钱,究竟是从哪儿来的呢? 当然是从资本中来的。但是资本并不产生价值。除土地以外,劳动是财富的惟一来源,资本本身不过是积累起来的劳动产品而已。所以劳动者的工资是由劳动支付的,工人的报酬是从他自己的产品中支付的。[2]

资产阶级古典政治经济学把劳动看作是价值的源泉,用生产商品所消耗的劳动时间来衡量商品的价值。亚当·斯密认为,劳动是衡量一切商品交换价值的真实尺度。在这里,资产阶级古典政治经济学家只看到劳动创造价值,但却看不到或不愿看到劳动创造剩余价值。这既是由于他

---

① 参见徐光春主编:《马克思主义大辞典》,崇文书局2017年版,第136页。
②《马克思恩格斯全集》中文第2版第25卷,人民出版社2001年版,第490页。

们狭隘的资产阶级立场造成的,同时,也是由于资产阶级政治经济学所固有的粗陋的经验主义造成的——不能把创造价值的劳动,也就是实现资本增值的源泉从"劳动"转换为"劳动力"造成的。马克思主义政治经济学明确提出,工人阶级通过自己的劳动生产出产品,而资本家支付给工人工资。在资本主义生产过程中,工人阶级作为生产者,却变得日益贫困。究其原因在于工人阶级已经将自己作为商品,出卖给了资本家;而资本家则通过占有工人的劳动而无偿地占有工人创造的剩余价值。在剩余价值生产过程中,工人出卖给资本家的不是劳动,而是自己的劳动力;而工人所获得的工资,就其本质来说实际上只是劳动力价值或价格的转化形式,资本正是在这一意义上同劳动实现"等价交换"的;资本获得的是劳动力的使用价值,而劳动力使用价值所创造的价值大于劳动力的价值,二者之间的这个差额部分,即由工人阶级所创造的却被资本无偿占有的价值就是剩余价值,即利润。[①]

段落大意:然而我们不禁要提出这样的问题:那就是资本家支付给工人的那笔所谓的极其公平的工资来自哪里呢? 不言而喻,这个工资是从资本中支付。但事实是非常清楚的,那就是资本本身并不会创造价值。众所周知,除了土地以外,唯有劳动才是创造财富的唯一源泉;而资本本身只不过是不断积累起来的劳动产品。正因为如此,劳动者的工资是劳动的价值或价格,工人在生产劳动产品的过程中付出劳动,然后获得相应的劳动报酬;工人获得劳动报酬恰恰是资本家对其付出的劳动的支付。

按照我们通常所说的公平,劳动者的工资应该相当于他的劳动产品。但是按照政治经济学,这并不是公平的。相反,工人劳动的产品落到了资本家手里,工人从中得到的仅仅是生活必需品。所以竞争这种异常"公

---

① 参见庄福龄主编:《马克思主义史》第1卷,人民出版社1996年版,第245页。

平"的比赛,其结果就是劳动者的劳动产品不可避免地积累在不劳动者手里,并变成他们手中最有力的工具,去奴役正是生产这些产品的人。[①]

在资本主义制度下,工资的实质是劳动力价值或价格,而不是"劳动的价值或价格"。恩格斯站在无产阶级的立场上,认识到资本家以工资形式支付给工人的只是劳动力作为商品的交换价值,但是工人通过自己的劳动创造出来的超出劳动力价值的那部分价值,却被资本家无偿占有了。也就是说,工人获得的工资"总是小于劳动的产品价值"。由于资本主义私有制的存在,建立在这一制度之上的等价交换是基于不平等的生产资料占有水平,进行交换的双方付出的不一定是等量的劳动或等量的价值,而资本家则通过占有生产资料来无偿地占有工人的劳动,进而占有工人所创造的价值和剩余价值。

段落大意:根据我们通常对于公平的理解,工人所获得的工资理应和他自己生产的劳动产品相等。但是,在资产阶级政治经济学看来,这却是不公平的。与此相反,资本家占有工人通过劳动生产出来的劳动产品,而工人仅能获得维持自身生活的生活必需用品。所以,所谓的公平竞争的结果就是劳动产品必然掌握在不劳而获的人手中,并成为他们去剥削工人阶级的工具。

做一天公平的工作,得一天公平的工资!关于一天公平的工作也可以讲很多,它的公平同工资的公平是完全一样的。但这一点需要留到以后去谈。从上面所说的来看已经很清楚,这个老口号是过时了,今天已经不大适用了。[②]

段落大意:"做一天公平的工作,得一天公平的工资!"对于什么是"一天公平的工作"这个问题,我们也有很多内容可以说,工作的公平和工资

---

① 《马克思恩格斯全集》中文第2版第25卷,人民出版社2001年版,第490页。
② 同上。

的公平是基本一致的。但是这个问题我们留待以后再去讨论。从前面所论述的内容来看,现在,"做一天公平的工作,得一天公平的工资"这个口号显然已经不适用了,对于今天的形势来说,这个口号明显已经过时了。

政治经济学的公平真正决定着支配当今社会的规律,这种公平完全是一边倒的,是倒向资本一边的。因此,我们要永远埋葬掉这个旧口号,代之以另外一个口号:劳动资料——原料、工厂、机器——归工人自己所有![1]

段落大意: 在资本主义制度下,资产阶级政治经济学所说的公平决定着资本主义社会的发展规律,事实上,由于剩余价值的存在,所以看似公平的分配过程实际上是不公平的,这种公平是一边倒的,是一种只维护资本家利益的公平。所以,要完全消除这种不公平,工人阶级就要用一个全新的口号取代这个旧的口号,这个全新的口号就是"劳动资料——原料、工厂、机器——(这一切生产资料)都归工人自己所有!"也就是必须消灭生产资料私人占有的资本主义生产制度。

弗·恩格斯写于 1881 年 5 月 1 或 2 日

原文是英文

作为社论载于 1881 年 5 月 7 日 《劳动旗帜报》第 1 号

中文根据《马克思恩格斯全集》 1985 年历史考证版第 1 部分 第 25 卷翻译

---

[1]《马克思恩格斯全集》中文第 2 版第 25 卷,人民出版社 2001 年版,第 491 页。

第二篇社论
《雇佣劳动制度》

《雇佣劳动制度》这篇文章是恩格斯为《劳动旗帜报》撰写的11篇文章中的一篇。该文的写作时间是在1881年5月15日或16日,作为社论发表在1881年5月21日的《劳动旗帜报》第3号上。

在前面的一篇文章里,我们考察了"做一天公平的工作,得一天公平的工资"这个历来为人所推崇的口号,并得出这样的结论:在目前的社会条件下,一天的最公平的工资必然等于对工人的产品的最不公平的分配,这种产品大部分进了资本家的口袋,工人只好满足于仅够保持自己的工作能力和繁衍其后代的那一部分。[①]

1864年,国际工人协会成立后,各国的工人阶级开展的经济斗争进一步活跃,与此同时,各种各样的关于经济斗争的理论也流行起来,这其中包括英国工联主义者所鼓吹的"做一天公平的工作,得一天公平的工资"。由于未能正确区分"劳动"和"劳动力"这两个概念,因此资产阶级政治经济学认为,商品的价值是由劳动所决定的,在权利平等的商品所有者之间,劳动产品就是按照劳动——这个价值尺度进行自由地交换。但事实上,资产阶级政治经济学所认为的劳动费用并不是劳动的生产费用,而是作为活劳动的工人本身的生产费用;对于工人来说,他出卖给资本家的是自己的劳动力,而不是他的劳动。

马克思主义政治经济学明确了资本主义社会的生产是以雇佣劳动为基础的商品生产,在生产过程中,由于生产资料归资本家所有,整个生产过程是按资本家的意愿进行的,工人在资本家的监督下进行劳动,因而劳动者的劳动也归资本家所有;不但劳动者的劳动是属于资本家的,即资本

---

① 《马克思恩格斯全集》中文第2版第25卷,人民出版社2001年版,第492页。

家的全部资本,是由工人的劳动创造的;而且资本家用于购买劳动力的即支付给工人的工资,也是工人自己创造的。资本家用货币买来的并非工人的劳动,而是工人的劳动能力。在资本主义制度下,占有生产资料的资本家不但占有工人生产的产品,且占有包含在其中的剩余价值;而工人却不能占有产品,只能保持劳动力以便作为商品继续出卖。所以,资本主义生产过程不仅是生产使用价值的过程,而且同时还是生产剩余价值的价值增殖过程。

段落大意:在《做一天公平的工作,得一天公平的工资》(发表于1881年5月7日《劳动旗帜报》第1号上)这篇文章中,我们认真分析了"做一天公平的工作,得一天公平的工资"这个始终被提倡的口号,通过分析这个口号,可以得出这样的结论:在资本主义雇佣劳动制度下,工人获得的所谓最公平的工资事实上是对工人生产的劳动产品的最不公平的分配,因为工人生产的劳动产品的绝大部分被资本家无偿占有,而工人只能获得很小的一部分——仅够维持其本人和家属生活所必需的生活资料。

这是政治经济学的规律,或者换句话说,是目前社会经济组织的规律,它比英国所有的成文法和不成文法加在一起,包括大法官法庭在内,还更有力量。①

在英国,在祖祖辈辈解决无数的司法纠纷的过程中产生了习惯法,国王及其御前会议作为最高司法者,还可以通过发布新的律令对法律进行修改。到爱德华一世统治时期(1272—1307),他采用了与过去不同的方式即成文法的形式,对习惯法进行修订。成文法是指国王在御前会议上宣读的一条条具体的法令,从13世纪70—90年代末,为了让更多的人了解新条例,爱德华一世将通过调查而制定的一条条新条例都传达到每个

---

① 《马克思恩格斯全集》中文第2版第25卷,人民出版社2001年版,第492页。

百户区、城镇和自治市,甚至在每个集市上进行传达,还让每个郡的骑士选出代表保存法令抄本。爱德华一世通过这样的方式让自己制定的律令比以往国王通过的律令更具有成文法的性质,这样,凡是国王颁布的律令,也就成为习惯法的一部分而进入英格兰法律系统。①

大法官法庭,也叫衡平法院,是在15世纪前后随着所谓衡平法的出现而建立起来的法院。中世纪时期,在英格兰存在有多种法庭,诸如王室法庭、宗教法庭、庄园法庭、自治市镇法庭和特许法庭等。随着英国议会制度的改革,1873年,英国通过的《司法条例》统一了中世纪以来遗传下来的混乱的司法体系,设立了一个最高法院,其下分高等法庭和上诉法庭两个法庭。该法原计划把上诉法庭的判决作为终审判决,但在几年后对此进行了修改,让议会的上院继续发挥最高上诉法院的作用。②

段落大意:这是政治经济学的规律,或者换言之,这也是当前资本主义雇佣劳动制度的基本规律,在英国,所有的成文法、不成文法,包括大法官法庭在内加起来,都远远比不上这一规律的作用大。

只要社会还分成两个对立的阶级,即一方是资本家,全部生产资料——土地、原料、机器的垄断者,另一方是劳动者,被剥夺了生产资料的所有权、除了自己的劳动力以外一无所有的工人;只要这种社会组织存在,工资规律就依然是万能的,并且每天要重新锻造锁链,把工人变成他自己所生产但却被资本家所垄断的产品的奴隶。③

生产资料,也被称作“生产手段”,指的是人们从事物质资料生产所必需的一切物质条件。在社会生产力中,它是物的要素,指的是在社会生产过程中人们所使用的一切劳动资料和劳动对象的总和。一般来说,生产

---

① 参见钱乘旦、许洁明著:《英国通史》,上海社会科学院出版社2012年版,第68页。
② 同上,第267页。
③ 《马克思恩格斯全集》中文第2版第25卷,人民出版社2001年版,第492页。

资料包括土地、森林、河流、矿藏、机器设备、厂房、运输工具、原材料等。生产工具在生产资料中起着决定性的作用,因为生产工具的质量和数量如何决定着人们改造自然、征服自然的广度和深度,决定着人们能够获取的物质资料的数量。在任何社会中,生产资料都是人们从事生产所不可缺少的物质条件,劳动者只有同生产资料相结合,才能进行生产,创造出物质财富。在不同的社会形态中,由于生产资料所有制形式不同,因此就造成了劳动者和生产资料结合的方式也是各不相同的。比如,在资本主义制度下,因为生产资料被资本家所占有和垄断,所以,丧失了生产资料的劳动者为了生活,就不得不在忍受资本家剥削的条件下出卖自己的劳动力,实现同生产资料的结合。而在社会主义制度之下,由于建立了生产资料公有制,劳动者不再丧失生产资料,已经和资本家一起成为生产资料的共同主人,可以直接同生产资料结合起来。由此可见,劳动者和生产资料结合的不同方式,也是区分不同社会经济制度的标志。①

段落大意:只要资本主义社会中依然存在着两大对立的阶级,一个是占有包括土地、原料和机器等在内的全部生产资料的资产阶级,另一个是完全被剥夺了生产资料的所有权、除了自己的劳动力以外一无所有的工人阶级;只要资本主义雇佣劳动制度依然存在,资本家通过占有生产资料而无偿地占有工人所创造的价值和剩余价值的这种工资规律就不可能被打破,会一直存在下去,并且会不断地得到强化,最终使得工人逐渐变成了自己生产的产品的奴隶,而他对于自己生产的产品并不拥有所有权,这些产品被资本家无偿地占有了。

英国工联已经同这一规律斗争了将近60年——而结果怎样呢?它有没有把工人阶级从资本——工人阶级亲手生产的产品——的奴役下解

---

① 参见徐光春主编:《马克思主义大辞典》,崇文书局2017年版,第62页。

放出来呢？它有没有使哪怕是工人阶级的一部分人上升到高于雇佣奴隶的地位，成为他们自己的生产资料即他们在生产中需要的原料、工具和机器的所有者，从而也成为他们自己的劳动产品的所有者呢？大家很清楚，它不仅没有做到这一点，而且也从来没有试图这样做。①

英国工联作为比较稳固的同盟组织，是英国工人在同企业主进行斗争的过程中形成的。早在18世纪末，英国各行业工会开始以地方同业俱乐部的形式出现。它们的出现令资产阶级感到十分恐惧，直接导致资产阶级在1799年颁布了禁止工会活动的《结社法》等相关法令。这些法令颁布之后，迫使英国的工会运动不得不转入地下进行。面对英国工人阶级持续不断地斗争，英国议会不得不在1824年取消了这些限制工人运动的相关法令。在此之后，英国工人运动得以广泛开展，第一批合法的工会组织也相应地建立起来。后来这些工会组织又进一步走向联合，并建立起新的职工联合会。到19世纪三四十年代，工联组建了委员会等组织机构，并且由原来地方不同行业的联合发展到英国全国职工的联合。在这一时期，工联的活动主要是组织工人开展经济斗争，喊出了"公平的工资，合理的工作日"的斗争口号。

资本有广义、狭义之分。广义的资本范围很广，如资本主义出现前就有商业资本和借贷资本。在我国社会主义经济中也使用资本的概念。狭义的资本特指资本主义经济中的资本，是指资本家通过购买工人的劳动力能够获得剩余价值的价值，反映着资本主义的生产关系。资本的存在形态一般表现为货币、厂房、机器、原料、商品等一定的物。但是"生产资料和生活资料，作为直接生产者的财产，不是资本。它们只有在同时还充当剥削和统治工人的手段的条件下，才成为资本"②。马克思明确指出："资本不仅包括生活资料、劳动工具和原料，不仅包括物质产品，并且还包

---

① 《马克思恩格斯全集》中文第2版第25卷，人民出版社2001年版，第492—493页。
② 《马克思恩格斯文集》第5卷，人民出版社2009年版，第878页。

括交换价值。资本所包括的一切产品都是商品。所以,资本不仅是若干物质产品的总和,并且也是若干商品、若干交换价值、若干社会量的总和。"①这充分说明资本本身不是物,资本的实质是体现在物上的生产关系,"资本也是一种社会生产关系。这是资产阶级的生产关系,是资产阶级社会的生产关系"②。在资本主义制度下,这些物在资本主义生产过程中带来剩余价值才能成为资本。在资本主义生产过程中,资本在价值形式上分为不变资本和可变资本,这两种不同形式的资本在剩余价值生产中发挥着不同的作用,具有不同的性质。

段落大意:英国工联已经同资本主义雇佣劳动制度下的工资规律斗争了将近60年,可是结果怎么样呢? 工联斗争的结果是否把工人阶级从资本这一自己生产的产品的奴役下解放出来呢? 工联斗争的结果有没有提高工人阶级中的一部分人的地位,使其摆脱受资本家剥削和雇佣的状况呢? 有没有让工人阶级中的一部分人成为生产资料的主人,进而成为自己生产的劳动产品的主人呢? 事实显而易见,工联的斗争不仅没有实现这一目标,而且它从来就没准备这样做。

我们决不是说,工联没有做到这一点,就没有用处了。相反,工联在英国,正如在其他任何工业国一样,都是工人阶级同资本作斗争所必需的。平均工资额等于在某一国家内按照该国一般的生活标准足以使工人一代一代维持下去的生活必需品的金额。对于不同阶层的工人来说,这种生活标准可能是极不相同的。③

段落大意:但是,我们绝不能因为工联的斗争没有实现这一目标,就否定工联的作用。相反,工联在英国,就像在其他任何一个资本主义工业

①《马克思恩格斯文集》第1卷,人民出版社2009年版,第725页。
②同上,第724页。
③《马克思恩格斯全集》中文第2版第25卷,人民出版社2001年版,第493页。

国家一样,是工人阶级同资产阶级斗争必须依靠的组织。平均工资额是指工人阶级在某一个国家生活时,根据该国一般的生活标准,能够购买生活必需品以维持自身生活并可以养家糊口所需要的金额。对于不同阶层的工人来说,这种生活标准可能不是完全一样的。

工联在保持一定的工资额和缩短工作日的斗争中的伟大功绩,在于它力图保持和提高生活水平。在伦敦东头有许多行业,劳动的繁重程度和所要求的熟练程度同瓦工及其下手完全一样,但是他们挣的工资还不到后者的一半。为什么呢? 只是因为一个强有力的组织,使一部分工人能够保持较高的生活标准作为衡量他们的工资的尺度,而另一部分工人由于没有组织、没有力量,不但必须忍受雇主的不可避免的侵夺,而且还要忍受雇主的任意的侵夺,他们的生活标准逐渐降低,他们学会了怎样靠越来越少的工资生活,于是他们的工资就自然而然地降低到他们自己学会了将就的那个水平。①

伦敦东头(East-end)指的是伦敦的东部,这里居住的主要是无产阶级和贫民。恩格斯认为:"伦敦的东头是一个日益扩大的泥塘,在失业时期那里充满了无穷的贫困、绝望和饥饿,在有工作做的时候又到处是肉体和精神的堕落。在其他一切大城市里也是一样,只有少数享有特权的工人是例外;在较小的城市和农业地区中情况也是这样。一条规律把劳动力的价值限制在必需的生活资料的价值上,另一条规律把劳动力的平均价格照例降低到这种生活资料的最低限度上。"②

段落大意:工联在维持工人获得的工资额和缩短工人的工作时长的斗争中的巨大贡献主要体现在它努力提高工人的生活水平。在英国伦敦东头这个包括无产阶级和贫民居住的人口密集的贫民区里,有许多行业

①《马克思恩格斯全集》中文第2版第25卷,人民出版社2001年版,第493页。
②《马克思恩格斯全集》中文第1版第21卷,人民出版社1965年版,第229页。

的劳动强度和对劳动所要求的熟练程度与瓦工及其小工是完全一样的，但是生活在伦敦东头贫民区里的工人们所挣的工资还不到瓦工及其小工的一半。为什么会这样呢？究其原因在于这部分工人已经组织起来并形成了强大的阶级力量，因为他们有了自己的组织，而这个组织能够让工人的生活保持在一个较高的标准之上，并且他们的工资水平的高低就是以这个较高的生活标准来衡量的。与此相反，另外一部分工人因为尚未组织起来、难以形成强大的阶级力量，这就导致他们不但必须忍受资本家的剥削，而且还要忍受资本家的肆意剥夺，导致这些工人的生活水平不断地下降。在这一过程中，他们逐渐适应了用不断降低的工资来维持生活的状况，而他们所获得的工资自然也随之不断地下降，在不知不觉中下降低到他们自己能将就生活的那个水平。

可见，工资规律并没有画出一条定而不移的线。它在一定限度内并不是毫无伸缩性的。在任何时期（严重的萧条时期除外），每一行业都有一个一定的范围，在这个范围内，工资额可以因斗争双方的斗争结果而变动。[①]

19世纪60年代初，德国人拉萨尔为了规劝工人阶级放弃为争取自身实际利益而进行的日常的经济斗争，提出了"铁的工资规律"，其主要内容是一个国家工人的平均工资始终停留在这个国家的人民为了维持生存和繁衍后代按照习惯所要求的必要的生活水平上。一方面，工人的实际工资不能长期高于他们的平均工资，否则由于工人生活状况的改善，其结婚和繁殖后代必然会增加，这必然会造成工人人数的增加，进而使得劳动力得到迅速的增加，这势必会造成工资下降到原来的平均工资水平之下这样一种结果的出现。另一方面，工人的实际工资也不能长期低于他们的

---

① 《马克思恩格斯全集》中文第2版第25卷，人民出版社2001年版，第493—494页。

平均工资,否则由于工人生活状况恶化,必然会出现人口外流、工人独身生活、节制生育等状况,这必然会使得工人人数减少,从而造成劳动力供应不足,其结果必然促使工资上升到原来的平均工资水平之上。因此,工人永远只能得到维持最低生活水平的工资。这就是拉萨尔所说的"在现今条件下支配着工资的严酷的铁的规律"。

马克思、恩格斯对拉萨尔的这种庸俗工资理论进行了深刻地批判,认为拉萨尔只看到了工资的外在表现形式而没有认识到其内在本质是什么。拉萨尔对工资运动规律也存在着错误的认识,他认为平均工资是一成不变的,并且还认为是因为工人人口的绝对量的变化,直接引起实际工资围绕平均工资进行上下波动。但实际上,资本主义社会的工资是有弹性的,也是可变的,"不是一个固定的量,而是一个变化的量,即使假定其他一切商品的价值不变,它也是变化的"[1]。

马克思在《资本论》第一卷中论述了资本主义社会的工资运动变化规律,他根据工作日长度、劳动强度与劳动生产力三个经济变量的相互作用,明确指出工资运动的基本规律就是随着劳动生产力的提高或降低,劳动力的价值(即工资)和剩余价值会朝着与之相反的方向发生变化[2],即"剩余价值的增加或减少始终是劳动力价值相应的减少或增加的结果,而决不是这种减少或增加的原因"[3]。马克思在分析资本主义积累的一般规律时,通过论述资本的有机构成,明确指出因为"工资按其本性来说,要求工人不断地提供一定数量的无酬劳动"[4],随着资本有机构成的发展与资本积累规模的扩张,工资变化的基本趋势是工资水平会出现不断提高的态势,但是工资的本性和资本主义生产方式的内在发展规律会对工资水平的提高产生双重约束。这就反映出工资水平提高的趋势是有客观界限

① 《马克思恩格斯文集》第3卷,人民出版社2009年版,第74页。
② 参见《马克思恩格斯文集》第5卷,人民出版社2009年版,第593—594页。
③ 《马克思恩格斯文集》第5卷,人民出版社2009年版,第596页。
④ 同上,第714页。

的,所以"劳动价格的提高被限制在这样的界限内,这个界限不仅使资本主义制度的基础不受侵犯,而且还保证资本主义制度的规模扩大的再生产。"①

所谓大萧条是指发生在资本主义社会中的一种"失去常规和常态"的周期性现象,具体表现为"进一步,退两步",即在持续不断发生的周期性经济危机中,虽然中间会出现乏力的经济复苏,但是经济总量却难以达到经济危机发生前的水平,更不用说超过经济危机发生前的水平了,这就会出现持续几年或者十几年之久的经济增长停滞不前,甚至会出现经济负增长,这种现象也称为"慢性萧条"。在历史上出现的大萧条是指一个持续衰退或不景气过程,它是由接连发生的一个以上经济危机组成的。②英国从19世纪70年代至1895年,在经济上陷入了长期慢性萧条。在英国历史上,由于在1874—1886年间持续不断地发生经济危机,因此这一时期被称为大萧条时期。在这一时期,1878年和1882年发生了两次经济危机,在两次危机中间只是出现过一段短暂的微弱的经济增长期;在这一时期,1874—1878年危机爆发前,还在主要部门中出现了一个长期萧条;在这一时期,英国的主要工业部门在1882年经济危机爆发之后到1886年,又遭受了一次长期萧条。③针对英国出现的这一状况,恩格斯进行了详细地描述:"从1876年起,一切重要的工业部门都处于经常停滞的状态。既没有完全的破产,也没有人们所盼望的、在破产以前和破产以后惯常被人指望的工业繁荣时期。死气沉沉的萧条,所有部门的所有市场上都出现经常的过饱和现象——这就是我们在其中生活了将近十年的状况。"④

段落大意:由此可见,决定工资额度的规律并不是一条一成不变的

---

①《马克思恩格斯文集》第5卷,人民出版社2009年版,第716页。

② 转引自许建康:《历史上的三次大萧条与马克思主义经典作家的论述》,《经济纵横》2009年第10期,第1页。

③ 同上,第3页。

④《马克思恩格斯全集》中文第1版第21卷,人民出版社1965年版,第229页。

线。它在一定的限度内是有弹性的、不断变化的。除了经济大萧条时期，无论其他任何时期，每一个行业的工资额度都是在一定的范围内波动变化的，在这个工资额度变化的范围内，工资会因为受到工人阶级和资产阶级斗争结果的影响而发生变化。

工资在一切场合，都是通过讨价还价确定的，而在讨价还价中，谁能坚持得更长久和更有效，谁就最有机会得到比应得的多。如果单独一个工人试图去和资本家讨价还价，那他很容易失败，只好无条件投降。但是，如果整个行业的工人结成一个强有力的组织，在工人中间募集基金，使他们在必要时能够同他们的雇主对抗，因而能够作为一支力量去同这些雇主进行谈判，那时，而且只有那时，他们才有可能得到那一点点按目前社会经济制度可称为公平工作之公平工资的微薄收入。[①]

段落大意：无论在任何地方，工资的最终确定都是讨价还价的结果。在资本家与工人通过讨价还价确定工资的过程中，无论是资本家还是工人，就看谈判双方中的哪一方能够在这个过程中坚持到底、能够采取行之有效的方法，那么最终这一方就会在谈判中得到比他预期他应该得到的要多得多。在工人与资本家的斗争中，劳动供求关系使工人阶级处于不利的地位。因此，如果一个工人试图凭一己之力就工资问题单独和资本家去讨价还价的话，那么工人是很容易失败的，只能无条件地投降。由此可见，如果工人不能很好地团结起来、组织起来，他们是无力与资本家相抗衡的。但是如果一个行业内所有的工人都团结起来、建立起一个坚强有力的组织，并通过这个组织向工人们募集一定的钱款作为活动基金，在必要的时候工人们能够同雇佣他们的资本家开展行之有效的斗争，能够让工人阶级成为一支可以同资本家相抗衡的独立的政治力量的话，只有

---

① 《马克思恩格斯全集》中文第2版第25卷，人民出版社2001年版，第493—494页。

到了那个时候，在目前的资本主义雇佣劳动制度下，工人阶级才有可能获得一点点微薄的收入——即所谓的公平工作的公平工资。

工资规律并没有被工联的斗争推翻。相反，它是通过这些斗争而实现的。如果没有工联的抵抗手段，工人甚至连按照雇佣劳动制度规则应得的也得不到。资本家只是由于害怕他眼前的工联，才会不得已而付出他的工人的劳动力的全部市场价值。这需要证据吗？请看看付给大工联会员的工资，再看看伦敦东头这个贫困的死水坑中的无数小行业所付的工资吧。①

段落大意：工联的斗争并没有推翻资本主义雇佣劳动制度下的工资规律。与此相反，资本主义雇佣劳动制度下的工资规律正是通过工联的这些斗争得以实现的。如果没有工联把工人阶级组织起来，并领导工人阶级开展反对同资本家的斗争，那么对于工人阶级来说，他们甚至无法得到自己本应该得到的工资，而这个工资就是根据资本主义雇佣劳动制度下的工资规律规定的他们应该得到的那个工资。由于资本家对工联组织心怀惧意，所以才不得不付给工人工资，而工人得到的工资相当于他自身劳动力的全部市场价值。怎么能证明上面说到的这个问题呢？只要看看大工联组织中的工人们从资本家那里获得的工资，再看看伦敦东头贫民区的那些小行业的工人们从资本家那里得到的工资，将二者进行一下比较，工联的作用就显而易见了。

所以，工联攻击的并不是雇佣劳动制度。但是，造成工人阶级经济地位低下的，并不是工资的高低，而是下面这个事实，即工人阶级得不到自己劳动的全部劳动产品，而不得不满足于自己生产的产品的一部分，这一

---

① 《马克思恩格斯全集》中文第2版第25卷，人民出版社2001年版，第494页。

部分就叫做工资。资本家攫取了全部产品(从中支付工人的工资),因为他是劳动资料的所有者。因此,工人阶级除非成为一切劳动资料——土地、原料、机器等的所有者,从而也成为他们自己劳动的全部产品的所有者,否则就得不到真正的解放。①

马克思在《工资、价格和利润》一文中指出,因为"现代工业的发展本身一定会越来越有利于资本家而有害于工人,所以资本主义生产的总趋势不是提高而是降低工资的平均水平,在或大或小的程度上使劳动的价值降到它的最低限度"②,所以"工人周期性地反抗降低工资,周期性地力图提高工资,这是同雇佣劳动制度密不可分的"③,这不仅维护了工人的切身利益,而且也是同资本家阶级进行斗争的必要组成部分。同时,马克思还指出,由于工人为提供工资水平而进行的斗争是同资本主义雇佣劳动制度紧密相连的,所以工人开展的斗争决不能仅仅停留在争取提高工资水平这一日常经济斗争上,还必须把开展日常经济斗争同反对资本主义雇佣劳动制度、整个资本主义制度的斗争结合起来,进而强调"在日常斗争中他们反对的只是结果,而不是产生这种结果的原因;他们延缓下降的趋势,而不改变它的方向;他们服用止痛剂,而不祛除病根。所以他们不应当只局限于这些不可避免的、因资本永不停止的进攻或市场的各种变动而不断引起的游击式的搏斗。他们应当懂得:现代制度给他们带来一切贫困,同时又造成对社会进行经济改造所必需的种种物质条件和社会形式"④。因此,工人阶级最终一定要摒弃"做一天公平的工作,得一天公平的工资"这一过时的口号,同时把"消灭雇佣劳动制度"这一响亮的口号写在自己的旗帜上。

段落大意:所以,工联并没有把资本主义雇佣劳动制度作为斗争的对

①《马克思恩格斯全集》中文第2版第25卷,人民出版社2001年版,第494页。
②《马克思恩格斯文集》第3卷,人民出版社2009年版,第77页。
③同上,第72页。
④同上,第77页。

象。但是事实上,工人阶级获得工资的高低,并不是造成工人阶级经济地位相对低下的原因,下列事实才是真正的原因所在,那就是在资本主义社会中,由于工人阶级不占有生产资料,除了自身的劳动力,一无所有,所以他就无法获得自己的全部劳动产品,而且他只能获得自己生产的产品的一部分并以此来维持自己和家人的生活,而他所获得的这部分产品就是他的工资。资本家凭借占有全部生产资料而无偿地占有工人的劳动产品和剩余价值。因而,只有当工人阶级真正成为包括土地、原料、机器等在内的一切生产资料所有者的时候,他们才能够成为自己生产的全部产品的主人,否则就无法获得真正意义上的解放。

弗·恩格斯写于 1881 年 5 月 15 或 16 日

作为社论载于 1881 年 5 月 21 日《劳动旗帜报》第 3 号

原文是英文

中文根据《马克思恩格斯全集》1985 年历史考证版第 1 部分第 25 卷翻译

第三篇社论
《工联》(一)

《工联》(一)(二)是恩格斯在 1881 年 5 月 20 日前后写成的,作为社论分成两部分分别发表于 1881 年 5 月 28 日和 6 月 4 日《劳动旗帜报》第 4 号和第 5 号上。

在本报上一号,我们考察的是工联的活动,谈到了它怎样在同雇主作斗争中实现工资的经济规律。我们现在再回到这个问题上来,因为非常有必要让整个工人阶级都彻底了解它。①

工联是英国职工联合会(Trade Unions)的简称,是工人在英国工会运动中形成的以比较稳固的同盟同企业主进行斗争的组织形式。18世纪末19世纪初,在英国工业革命发展过程中,工业生产数量迅速增长,企业规模不断扩大,工人人数不断增加。随着工人数量的增加和工人集中程度的提高,工人间的相互联系加强,进一步增强了联合和团结。工人们面对生活状况的每况愈下和负担的日益沉重,为了争取改善自己的生活和待遇,英国各业工会以地方同业俱乐部的形式开始确立,工人组织的出现令资产阶级对此十分恐惧,议会在1799年和1800年通过《结社法》,禁止工会开展活动。此后,一切合法的活动都成为"非法"的了,工人运动也被迫转入地下。19世纪20年代以后,工会运动取得了很大的进展,在工人斗争的压力下议会不得不在1824年取消了《结社法》,这就使得一批合法的工会组织建立起来,包括1829年成立的不列颠和爱尔兰纺纱工人总工会、1832年成立的由7个与建筑有关的行业组成的全国性行业组织——建筑工人工会、1833—1834年先后成立的纺织工人工会、陶器工人工会、缝纫工人工会、西雷丁毛纺工人工会、欧文发起组织的"全国大团结工会联合会"(The Grand National Consolidated Trades Union)等,至此,工联有了自己的中央委员会等组织机构。

工联认为工资低落是工人生活水平下降的基本原因,而恢复工资、制定最低工资表则是摆脱困境的最直接手段,因此它把组织工人开展经济斗争、维护工资作为主要的斗争目标,把罢工作为主要的斗争手段。他们要求资本家提高工资,缩短工时,其提出的斗争口号是"公平的工资,合理的工作日"。工联为此不断组织工人进行罢工斗争,在工会运动史上产生过重大影响。在1836年宪章运动兴起后,以经济斗争为主要目标的工联

---

① 《马克思恩格斯全集》中文第2版第25卷,人民出版社2001年版,第495页。

运动进入低潮。19世纪50年代以后,随着宪章运动的失败,工联的领导人逐渐走上了改良主义的道路。他们不去组织工人群众进行推翻资本家的斗争,而是依然在为增加工资、缩短工时而罢工的狭隘圈子里打转转,并把这当作自己的最终目的。这样,工联就逐渐丧失了作为工人阶级同企业主进行斗争的堡垒的战斗作用,后来形成为工联主义。①

工联主义(Trade Unionism),又称工会主义,是工人运动中的资产阶级改良主义思潮。工联主义主张工人运动的唯一目标是在维护资本主义制度的前提下改善工人眼前的经济利益,争取增加工资和缩短工时,提高工人的合法地位;倡导阶级调和,主张以协商、仲裁等方式解决工人与资本家之间的冲突,要求制定劳动法,反对政治斗争和暴力革命,马克思曾对工联主义进行过深刻的批判。

段落大意: 在本报(即《劳动旗帜报》)的第一号上,我们所论述的是工联开展的活动,讨论了工联如何在同资本家的斗争中获得工资的经济规律。为了让整个工人阶级都真正认识和理解这一经济规律,现在,我们有必要再回到这个问题上来。

我们认为,目前英国每一个工人不用解释都懂得,不论整个资本家阶级还是资本家个人,都想尽量减少工资。大卫·李嘉图曾经无可反驳地证明,劳动产品在扣除一切费用以后,分为两部分:一部分构成工人的工资,另一部分构成资本家的利润。既然在每个个别场合下这种劳动净产品的量是一定的,那就很明显,如果不减少叫做工资的那一部分,叫做利润的那一部分就不会增加。否认资本家想减少工资,就等于说资本家不想增加自己的利润。②

大卫·李嘉图(David Ricardo),1772年4月18日生于英国伦敦一个犹

①孔经纬等编:《〈马克思恩格斯选集〉历史词典》,商务印书馆1992年版,第396页。
②《马克思恩格斯全集》中文第2版第25卷,人民出版社2001年版,第495页。

太移民家庭,1823年9月11日去世,是英国著名的经济学家,英国资产阶级古典政治经济学的著名代表人物之一和完成者。

李嘉图早年跟随其父亲从事证券交易工作,一个偶然的机会,李嘉图阅读了亚当·斯密的《国民财富的性质和原因的研究》(简称《国富论》)一书。这本书引发了他对政治经济学问题的兴趣,此后开始进行政治经济学的研究工作。1817年,李嘉图出版了其经济学的代表作——《政治经济学及赋税原理》一书。李嘉图在该书中以边沁的功利主义为出发点,建立起政治经济学理论体系,该体系以劳动价值理论为基础、以分配理论为中心[1],全面阐述了李嘉图的经济思想,是一本集资产阶级古典政治经济学之大成的学术著作。

劳动价值论是李嘉图经济学理论的基础,他以批判的方式发展了亚当·斯密的劳动价值学说,认为衡量商品价值的尺度是劳动时间,坚持了劳动时间决定商品价值的原则。但他批评了斯密用购买到的劳动来决定价值的观点,在李嘉图看来,商品的价值只能是由耗费的劳动所决定,而商品价值的大小又与这种劳动量成正比。[2]

为了改变亚当·斯密经济学说的不彻底性而造成的理论上的混乱状况,李嘉图将劳动区分为简单劳动和复杂劳动,认为在相同单位时间里,简单劳动与复杂劳动所产生的价值是完全不相同的。他还把劳动分为直接劳动和间接劳动两种,认为只有直接劳动才能产生价值,间接劳动只是把原有的价值转移到新生产出来的商品中去。在李嘉图看来,决定商品价值的劳动是生产某种商品所需要的社会必要劳动,不是每个生产者实际上所耗费的劳动,这种决定商品价值的劳动不仅包括活劳动,还包括物化在生产资料中的劳动。基于此,李嘉图认为,资本本身并不产生价值,

---

① 参见徐光春主编:《马克思主义大辞典》,崇文书局2017年版,第248页。
② 参见顾海良主编:《马克思主义经典作家关于政治经济学一般原理的基本观点研究》,人民出版社2017年版,第161页。

作为资本的形式的生产资料,在生产中只能通过工人的劳动把原有产品中的价值转移到新产品中去,而新的价值只能由活的劳动才能产生。①李嘉图的这个观点后来成为工人阶级反对资本主义剥削的理论根据。

李嘉图虽然大大地向前发展了劳动价值论,但由于阶级的局限性,他认为资本主义是地久天长、从来就有的合理制度,并且认为社会生产唯一可能的形式就是资本主义生产方式,这样就造成了他无法看到生产发展的历史过程;由于他认为资本在原始社会就已经存在了,所以他没有对生产者自己所有的生产资料和资本家占有的生产资料进行区分,而将它们都称为资本,这也导致他无法解释从价值到生产价格的历史转变过程。由于理论上存在的缺陷,导致李嘉图始终无法解决两个矛盾问题:一个是价值规律与利润存在的矛盾(即资本与劳动之间的不等价交换);另一个是价值规律与同量资本获取等量利润的矛盾(即等量资本获得等量利润)。②

李嘉图的分配理论是以其价值理论为基础的,他用劳动价值论说明了工资、利润和地租之间的关系。由于他把价值归结为劳动,认为价值的生产先于价值的分配,因此,他认为全部价值是由劳动产生并在无产阶级、资产阶级、地主阶级三大阶级之间进行分配:工人的工资是由工人所需要的必要生活资料的价值决定的,利润是扣除了工资之后的余额,地租是扣除了工资和利润这两部分之后的余额。具体说来,工资是由工人及其家庭所消耗的生活必需品的价值决定的,利润是商品价值中支付工资后剩余的部分,"地租则是商品价值超过工资加利润的余额,是农产品的由最大劳动耗费量所决定的社会价值超过个别价值之上的超额利润"③。

李嘉图认为,在现实的分配过程中,这三种分配形式在量上表现为此

---

① 参见王觉非主编:《近代英国史》,南京大学出版社1997年版,第444—445页。
② 参见顾海良主编:《马克思主义经典作家关于政治经济学一般原理的基本观点研究》,人民出版社2017年版,第161—162页。
③ 同上,第114页。

消彼长,这就使得社会上三大阶级的经济利益互相对立。在资本家和工人之间,工资增长则利润减少,利润上升则工资降低,因此工人和资本家的利益不同。地租是上、中等土地的出产物多于劣等土地出产物的结果,地主从这个差额中获取地租。然而由于人口增多,粮食需求量不断增长,最劣等的土地也必须耕种,这就使地租必然增加,并造成农产品价格提高,而这就会导致工人的货币工资也随着增加,于是资本家的利润就会减少,因此,资本家和地主间也存在利害冲突。但是在地租和货币工资都有增长时,地租取得真实的增长,工资却只有虚假的上升。因为工资增长跟不上谷价的上涨,结果货币工资增加了,实际工资却在下降,工人对谷物的支配权反而减少了。所以,工人与地主的利益也相互对立。①

事实上,李嘉图考察的是由资本主义生产关系所决定的资本主义的分配关系。因此,他所提出的工资与利润之间、地租与利润之间对立的基本命题,在一定程度上反映出资本主义社会中的无产阶级、资产阶级与地主阶级这三大阶级在经济利益上的根本对立。但是其理论的缺陷在于把资本主义生产方式看作唯一自然的形态,是永恒不变的,却没有注意社会制度因素,没有考虑作为资本主义分配关系的工资、利润和地租这些范畴的起源和实质,只是考虑了作为收入的这些范畴的量的决定作用,特别是它们在商品价值中所占的比例的变化趋势。②李嘉图在继承前人思想理论的基础上正式建立起了资产阶级古典政治经济学的理论大厦,使英国古典政治经济学达到了顶峰。李嘉图的劳动价值论是马克思主义劳动价值理论的重要来源之一;李嘉图的这一理论也成为马克思主义政治经济学的直接思想理论来源之一。

马克思在《雇佣劳动与资本》中通过分析工资和利润此消彼长的一般

---

① 参见王觉非主编:《近代英国史》,南京大学出版社1997年版,第444—445页。
② 参见顾海良主编:《马克思主义经典作家关于政治经济学一般原理的基本观点研究》,人民出版社2017年版,第114页。

规律进而揭示出工资的本质:"工资不是工人在他所生产的商品中占有的一份。工资是原有商品中由资本家用以购买一定量的生产性劳动力的那一部分。"①"究竟什么是决定工资和利润在其相互关系上的降低和增加的一般规律呢? 工资和利润是互成反比的。资本的份额即利润越增加,则劳动的份额即日工资就越降低;反之亦然。利润增加多少,工资就降低多少;而利润降低多少,则工资就增加多少。"②马克思的这些论述充分说明资本的利益和雇佣劳动的利益是截然对立的,资本家为了增加自己的利润,必然会想方设法地降低工人的工资,这也揭示出资本主义剥削的实质。

段落大意:我们认为,现在不用我们解释,每一个英国工人都已经明白,无论是资产阶级这个整体还是每一个资本家个人,他们都在想方设法尽可能地降低工人的工资。大卫·李嘉图曾经用无可辩驳的事实证明,在扣除了生产劳动产品的生产成本之后,商品的价值分为两部分:其中一部分是工人获得的工资,另外一部分是资本家获得的利润。在资本主义雇佣劳动制度下,既然这种劳动产品的价值量是固定的,那么显而易见,如果不降低工人所获得的工资,那么资本家获得的利润自然不会增加。如果不承认资本家有想尽可能地降低工人的工资的想法,那就相当于变相地承认资本家不想增加自己的利润。

我们知道得很清楚,还有其他方法可以暂时增加利润,但它们并不改变一般规律,所以用不着在这里谈了。③

段落大意:事实上,我们都很清楚,除此之外,还有别的办法可以暂时增加资本家获得的利润,但他们并不能从根本上改变一般规律,所以在这

---

① 《马克思恩格斯文集》第1卷,人民出版社2009年版,第715页。
② 同上,第732页。
③ 《马克思恩格斯全集》中文第2版第25卷,人民出版社2001年版,第495页。

里就不再赘言了。

　　既然工资额是由一个明确而具体的社会经济规律支配的，资本家怎么能够减少工资呢？有工资的经济规律在，而且推翻不掉。但是，我们已经谈到过，它是有伸缩性的，这种伸缩性有两种表现。在一个特定的行业中，工资额可以或者直接降低，那就是该行业的工人逐渐习惯于更低的生活标准，或者间接降低，那就是增加每天的劳动时间（或同一时间内的劳动强度）而不增加工资。①

　　马克思在《雇佣劳动和资本》中明确指出："工资是一定商品即劳动力的价格。所以，工资同样也是由那些决定其他一切商品价格的规律决定的。它是由买者和卖者之间的竞争即需求和供给的关系决定的。"②也就是说，"调节一般商品价格的那些一般的规律，当然也调节工资，即调节劳动价格。劳动报酬忽而提高，忽而降低，是依需求和供给的关系为转移的，依购买劳动力的资本家和出卖劳动力的工人之间的竞争情形为转移的。工资的波动一般是和商品价格的波动相适应的。可是，在这种波动的范围内，劳动的价格是由生产费用即为创造劳动力这一商品所需要的劳动时间来决定的。那么，劳动力的生产费用究竟是什么呢？这就是为了使工人保持其为工人并把他训练成为工人所需要的费用。因此，某一种劳动所需要的训练时间越少，工人的生产费用也就越少，他的劳动的价格即他的工资也就越低。在那些几乎不需要任何训练时间，只要有工人的肉体存在就行的产业部门里，为造成工人所需要的生产费用，几乎只归结为维持工人的具有劳动能力的生命所需要的商品。因此，工人的劳动的价格是由必要生活资料的价格决定的。"③

---

①《马克思恩格斯全集》中文第2版第25卷，人民出版社2001年版，第495—496页。
②《马克思恩格斯文集》第1卷，人民出版社2009年版，第717页。
③同上，第722页。

段落大意：既然工资是受资本主义社会的供求规律和竞争规律制约和影响的,那么资本家为什么能够降低工人的工资呢? 决定工资的经济规律客观存在着,而且这一规律还不能被推翻。但是,我们在前面已经讨论过,工资是在一定范围内上下波动的,这种波动主要体现在两个方面:在某些特定的行业中,一方面,可以直接降低工资,也就是让该行业的工人逐渐地习惯过更低标准的生活;另一方面,可以间接降低工资,就是每天延长工作时间,或者提高工作强度,但不提高工人的工资。

每个个别资本家对减少自己工人工资以增加自己利润的欲望,由于同一行业中资本家的相互竞争而得到新的刺激。他们每人都竭力比自己的竞争者卖得便宜些,而为了不牺牲自己的利润,他就得竭力减少工资。这样一来,每个资本家的欲望给工资额带来的压力,由于资本家之间的竞争而增加了十倍。以前不过是利润多一些或少一些的问题,现在却成为必不可免的事情了。①

资本主义生产是一个具有两重性的生产过程:一个是劳动过程,另一个是价值增殖或剩余价值生产过程。正因为如此,资本主义生产"不仅要生产使用价值,而且要生产价值,不仅要生产价值,而且要生产剩余价值"②,所以"资本主义生产——实质上就是剩余价值的生产"③。换句话说,"生产剩余价值或榨取剩余劳动,是资本主义生产的特定的内容和目的"④。

段落大意：每个资本家在与同一行业中其他资本家进行竞争的过程中,其想方设法地降低工人工资以增加自己利润的贪欲因激烈竞争的刺激而变得强烈起来。为了在市场竞争中处于优势地位,这些资本家总是

---

① 《马克思恩格斯全集》中文第2版第25卷,人民出版社2001年版,第496页。
② 《马克思恩格斯文集》第5卷,人民出版社2009年版,第218页。
③ 同上,第307页。
④ 同上,第344页。

竭尽全力地让自己产品的价格低于竞争对手的价格,而要达到这样的目的同时又不以牺牲自己的利润为代价,那么这些资本家只能是尽可能地通过降低工人的工资来实现。在这种情况下,由于资本家之间的相互竞争,使得每一个资本家为了满足自己的贪欲而给工资带来的压力因此增长了十倍。在此之前,资本家降低工人的工资只是为了自己获得的利润多一些或者少一些,但是现在却因为资本家之间的相互竞争使得降低工人的工资成为不可避免的事情了。

没有组织起来的工人,对这种经常不断的压力,是没有任何有效的抵抗手段的。所以,在那些工人没有组织起来的行业中,工资有不断下降的趋势,工作时间有不断增加的趋势。这个过程缓慢地然而是确实地在继续着。繁荣时期有时会打断这个过程,但以后营业不好的时期又更加加速这个过程。工人们逐渐习惯于越来越低的生活标准。工作日的长度越来越接近可能的最高限度,而工资越来越接近绝对的最低限度,再低工人就绝对不可能生活和繁衍其后代了。[①]

马克思、恩格斯指出,资本家要获得更多剩余价值的途径主要有两条:一是提高对工人的剥削程度,二是增加可变资本总量。资本主义生产的目的就是以最小的预付资本获得最大限度的利润。当资本量一定的时候,利润的大小主要取决于利润率的高低。节约不变资本是影响利润率变动的主要因素之一。在剩余价值率和剩余价值量不变的条件下,不变资本节省得越多,利润率就越高。因此,资本家总是不惜牺牲劳动者的健康来节省劳动条件的开支,以此来节省不变资本,进而提高利润率。剩余价值率也是影响利润率变动的主要因素之一。资本家总是力图从工人身上榨取更多的剩余价值,而要实现这一点,必须要通过延长工人的剩余劳

---

① 《马克思恩格斯全集》中文第2版第25卷,人民出版社2001年版,第496页。

动时间,进而达到提高剩余价值率的目的。

资本家所获得的剩余价值量的多少主要取决于以下两个因素:一个重要因素是剩余价值率的高低,另一个因素是雇佣工人数量或可变资本总量的多少。如果资本家雇佣工人的总数是一定的,那么剩余价值率越高,他获得的剩余价值量也越多。资本家提高剩余价值率的基本方法主要有两种:一种是绝对剩余价值生产,另一种是相对剩余价值生产。马克思强调:"我把通过延长工作日而生产的剩余价值,叫作绝对剩余价值;相反,我把通过缩短必要劳动时间、相应地改变工作日的两个组成部分的量的比例而生产的剩余价值,叫作相对剩余价值。"①

绝对剩余价值指的是在保持必要劳动时间不变的前提之下,通过延长工作日的劳动时间而生产的剩余价值。剩余价值的唯一源泉是雇佣工人的劳动。为了获得剩余价值,资本家必须把工人的劳动时间延长到必要劳动时间以上。在资本主义制度下,工人工作日的劳动时间分为必要劳动时间和剩余劳动时间。如果必要劳动时间是一定的,那么工作日越长,剩余劳动时间也就越长,资本家从工人身上榨取的剩余价值也就越多,从而剩余价值率也就越高。在资本主义制度建立初期,资本家总是力图通过延长工人的工作时间来榨取更多的剩余价值。另外,资本家还通过提高工人劳动强度的方法来获取剩余价值。提高工人的劳动强度,意味着工人在同样的工作日劳动时间内支出了更多的劳动量,事实上等于延长了工作日。在马克思看来,"工作日不是一个不变量,而是一个可变量。它的一部分固然是由不断再生产工人本身所必需的劳动时间决定的,但是它的总长度随着剩余劳动的长度或持续时间而变化。因此,工作日是可以确定的,但是它本身是不定的"②。

在资本主义社会里,工人的工作日劳动时间的最低界限不能少于或

---

① 《马克思恩格斯文集》第5卷,人民出版社2009年版,第366页。
② 同上,第268页。

等于必要劳动时间,也就是说工人的工作日劳动时间必须高于必要劳动时间,即要有剩余劳动时间。因为如果没有了剩余劳动时间,工人就无法进行剩余价值的生产,那么资本主义生产也就无法进行了。但是工人工作日劳动时间的延长不是无止境的,是有最高界限的,"它不能延长到超出某个一定的界限"①,"这个最高界限取决于两点。第一是劳动力的身体界限。……工作日的延长还碰到道德界限。"②这说明工人工作日的劳动时间不能无止境地延长下去,这个最高界限取决于劳动时间的生理界限和道德界限,一方面,必须让工人每天有一部分时间用于休息、吃饭等满足身体的其他需要,以便其能恢复和保存体力;另一方面,一个国家的社会经济和文化发展水平决定了工人在一天的劳动之余必须有时间满足自身精神需要和社会需要。由于受生理界限和道德界限的制约,所以工作日的长短是受到限制的。但是,由于生理界限和道德界限不是一成不变的而具有可变性,因此,工作日劳动时间的长短也就具有了很大的伸缩性。而无产阶级和资产阶级之间的斗争是决定工作日劳动时间长短的决定性因素。就像马克思所指出的:"在资本主义生产的历史上,工作日的正常化过程表现为规定工作日界限的斗争,这是全体资本家即资本家阶级和全体工人即工人阶级之间的斗争。"③

相对剩余价值指的是在工作日劳动时间长度不变的前提之下,资本家通过缩短工人的必要劳动时间,与此相反,却通过延长工人剩余劳动时间的方法而生产出来的剩余价值。在资本主义社会中,资本家通过延长工作日劳动时间生产剩余价值的方法,一方面会受到工作日时间长度的限制,另一方面又会引起工人阶级的反抗,难以满足资本家追求更多剩余价值的贪欲。在这种情况下,资本家为了提高剥削程度,就会采取新方

①《马克思恩格斯文集》第5卷,人民出版社2009年版,第268页。
② 同上,第268—269页。
③ 同上,第272页。

法,他们保持工作日劳动时间的长度不变,但是改变工作日中的必要劳动时间和剩余劳动时间的比例,通过缩短工人的必要劳动时间,但却以不断延长工人的剩余劳动时间的方法来实现他们获取剩余价值的目的。由于工人的必要劳动时间缩短了,那么工人的剩余劳动时间自然就会相应地增加,事实上相当于延长了工人的剩余劳动时间,从而让工人能够创造出更多的剩余价值。

段落大意:面对不断增加的工资降低这一压力,尚没有组织起来的工人是没有任何有效的抗争方式应对这一压力的。因此,在还没有成立工会的那些行业中,工人获得的工资表现为持续下降的态势,但与之相对应,那些行业的工人的工作时间却表现为不断增加的态势。虽然工人工资不断下降而工作时间不断增加的这个过程是很缓慢的,但是这样的趋势却是实实在在的存在。资本主义经济繁荣时期,工资的不断下降和工作时间的不断增加这个过程不会一直持续下去,会出现短暂的中断,但是经济大萧条时期,这一过程又会加速。在不知不觉中,工人们开始慢慢地适应变得越来越低的生活水平。当工作日的时间长度越来越接近极限时,工人的工资却逐渐下降到接近最低水平,当然工人的工资不能低于这个最低水平,因为一旦低于这个最低水平,工人就无法维持自己的生活和养家糊口了。

大约在本世纪初,曾经暂时出现过例外的情形。蒸汽和机器的迅速增加跟不上增加得更快的对蒸汽和机器的产品的需求。在这些行业中的工资,除去习艺所卖给工厂主的儿童的工资以外,通常都是高的。那些不可缺少的熟练手工工人的工资非常高,当时一个染匠、机械工、剪绒工、手摇走锭精纺机操作工通常的收入,现在听起来令人难以相信。同时,被机器排挤的那些行业却要慢慢饿死。但是新发明的机器渐渐又排挤了那些工资优厚的工人,人们发明了制造机器的机器,而且增长速度很快,使机器生产的商品的供应不仅跟上而且超过了需求。①

  段落大意：大概是在19世纪初期，曾经一度出现过工人工资增加这种例外状况。之所以出现这种状况，是因为这一时期，随着资本主义生产的发展，虽然蒸汽机和大机器在生产中被广泛使用，但是却远远不能满足市场对于大机器生产的产品的需求。在这些广泛使用蒸汽机和大机器的行业中，工人的工资一般来说都是非常高的，当然那些习艺所卖给资本家的童工的工资是例外的。那些能够使用机器、技术娴熟的工人的工资是非常高的，在那时，一个染匠、工匠、剪绒工、手摇纺纱机工人的工资收入高到在今天听起来都令人难以置信的程度。与此同时，那些以机器生产代替手工生产的行业中的工人的工资却在不断地下降，逐渐变得难以维持生计。但是那些不断出现的新机器又开始逐渐取代了过去那些工资待遇优厚的工人，并使其工资逐渐降低；机器制造业建立以后，得到迅速发展，这就使得大机器生产的商品不仅能够满足市场的需求，甚至出现了供过于求。

  1815年实现的全面和平，恢复了经常的贸易，从繁荣、生产过剩到商业恐慌的十年一周期的波动开始了。工人从过去的繁荣时期保留下来的、或者在疯狂的过度生产时期甚至还增加了的任何利益，现在在商业不景气和恐慌的时期全都被剥夺了。很快，英国的工业人口就处于这样一条普遍规律支配之下，即没有组织起来的工人的工资经常趋于绝对的最低限度。②

  1815年实现的全面和平是指维也纳体系的建立。欧洲的封建秩序受到法国大革命和拿破仑战争的沉重打击，为了重新安排拿破仑帝国瓦解后的欧洲秩序，除奥斯曼帝国外，所有的欧洲国家于1814年10月1

---

① 《马克思恩格斯全集》中文第2版第25卷，人民出版社2001年版，第496—497页。
② 同上，第497页。

日—1815年6月9日在奥地利维也纳召开了一次国际会议,经过激烈地讨价还价,与会各国最终签署了《最后总决议案》,其主要内容包括:第一,按照正统主义原则,全面复辟欧洲的旧王朝,如法国、西班牙、葡萄牙、瑞典、汉诺威、荷兰诸王朝都得以恢复。第二,在法国周围建立了一系列屏障性国家。东北部的荷兰合并了原奥属尼德兰(比利时);东部莱茵河沿岸各省归并普鲁士;东南部的撒丁王国成为反法的桥头堡。第三,英国保持并巩固了其贸易和海上霸权,获得了马耳他、斯里兰卡和好望角等海上战略要地。第四,俄国保住了拿破仑战争时期占有的芬兰、比萨拉比亚和波斯的边境省,波兰成为沙皇统治下的君主立宪国。第五,保持德意志的分裂状态。成立了由奥地利主持的松散的"德意志邦联",由奥、普等34个邦和4个自由市组成。普鲁士取得萨克森的大部、莱茵和波美拉尼亚等地。第六,北欧的丹麦因战时与拿破仑结盟而被迫割让挪威给瑞典,毗邻丹麦的德意志两公国——施列斯维希和霍尔斯坦归丹麦。瑞典放弃收回芬兰的要求。[①]

　　维也纳会议建立的维也纳体系主要目的是消除法国大革命的影响和建立欧洲均势体系。维也纳会议后,所有那些被拿破仑帝国征服过的国家都按照所谓的正统性原则,恢复了反动的封建统治、镇压本国的民主运动、民族运动。在维也纳会议上,少数大国还根据所谓的补偿原则,实行强权政治,完全按照强国的意图,肆意践踏弱小民族的意志,肆意瓜分弱小国家的领土,使许多民族失去了独立,重新划分了欧洲领土和海外殖民地,确定了新的欧洲政治势力范围,严重违反了民族和民主的原则,开创了由少数大国决定多数小国命运的恶例。[②]但是,维也纳体系提出的保持"欧洲协调"的原则、建立的协调机制,在防止列强间发生战争方面发挥了一定的作用,因此可以说,"从国际关系或战争与和平的角度来看,19世

---

① 参见马世力主编:《世界史纲》下册,上海人民出版社1999年版,第473—474页。
② 同上,第226—227页。

纪是欧洲比较和平的一个时期"[1]。

段落大意：随着1815年维也纳会议《最后总决议案》的签署，欧洲进入一个相对和平时期，各国间恢复了正常的贸易往来，从经济繁荣、生产过剩到商业恐慌的周期性的经济危机也就由此开始爆发。无论是在过去的经济繁荣时期，或者是在由于竞争和无政府状态导致的生产过剩时期，工人保留下来的利益、甚至增加了的利益，都伴随着周期性经济危机的发生，现在全部被剥夺了。不久以后，英国的工人阶级就会被这样的一条规律所支配：即对于那些尚未组织起来、并且也没有组建工会的工人来说，他们获得的工资会变得越来越低，甚至经常会低到接近绝对的最低限度这样的地步。

但与此同时，1824年取得合法地位的工联也登上了舞台，而且来得非常适时。资本家是一向有组织的。在大多数情况下，他们不需要正式的公会、章程、专职人员等等。他们和工人相比人数很少，他们形成一个特殊的阶级，他们之间有经常的社交和商业往来——这就代替了一切。只有在后来，某一产业部门占据了整个地区，例如棉纺织业占据了兰开夏郡，资本家的正式的同业公会才有必要。[2]

段落大意：但就在这个时候，取得了合法政治地位的工联在1824年也登上了历史舞台，工联登上历史舞台可以说是恰逢其时。资本家历来是有组织的。在大多数情况下，资本家们不需要正式的公会、章程、专职人员等。与工人阶级相比，资本家的人数要少得多，形成了一个特殊的阶级——资产阶级，因为他们经常保持着社交活动和商业往来，所以这就代替了一切组织。只是到了后来，当某一产业部门在整个地区占据了主导地位时，例如棉纺织业在兰开夏郡占据了主导地位，资本家才有必要成立

① 袁明主编：《国际关系史》，北京大学出版社2005年版，第38页。
②《马克思恩格斯全集》中文第2版第25卷，人民出版社2001年版，第497页。

正式的同业公会。

    相反,工人一开始就不能没有一个强有力的组织,这样的组织要有明确规定的章程,并把全权交给它的专职人员和委员会。1824年的法令使这些组织有了合法地位。从那时起,工人在英国成了一支力量。他们已经不是从前的彼此隔绝的孤立无援的群众了。除了联合和共同行动所产生的力量以外,很快又增添了相当充足的财力——我们的法国兄弟们意味深长地把它叫做"抵抗基金"。这时的形势完全改变了。对于资本家来说,任意减低工资或增加工作时间成了一件冒险的事情。①

    面对激进民主运动的风起云涌,工会运动也随之迅速发展,这让资本家和统治阶级感到恐慌,因此,1799年,英国政府颁布《结社法》。在这一法令中,一切工人结社都是被明确禁止的,甚至连组织工会也被列入禁止的范围之内。《结社法》的通过虽然在一定程度上阻碍了当时英国工人运动的发展,但是随着英国工业生产的不断发展,英国工人阶级的力量不断发展壮大,工人运动也不断地向前发展。1824年,在英国激进派的努力下,英国议会为了缓和阶级矛盾废除了《结社法》,扫除了阻碍工人运动发展的障碍。《结社法》一经废除,英国全国立即出现了组建工会的浪潮,并且工人罢工运动风起云涌,这让统治阶级大为恐慌,于是在1825年,英国议会再次通过新的法律以限制工会活动。这就造成了这样的局面:虽然工会获得了合法的生存地位,但是工会开展的许多活动却被视为是非法的。尽管如此,英国工会运动还是蓬勃地开展起来。尤其是在英国北部和中部的工业区,几乎村村镇镇都成立了工会组织,并且逐步走向联合,形成了具有全国影响的四大行业工会——即建筑、纺纱、陶瓷、呢绒工会。工人阶级组织起来开展的斗争对资本家产生了很多的影响。

---

①《马克思恩格斯全集》中文第2版第25卷,人民出版社2001年版,第497页。

段落大意：与此相反，工人阶级从一开始就必须建立一个强有力的工人组织，这个组织必须有明确的章程，而且要把这个组织交给专职人员和委员会进行全权管理。1824年，随着《结社法》的废除，英国国家法律承认了工联这个工人阶级的群众组织的合法地位。正是从那个时候开始，英国工人阶级就成为一支不可忽视的阶级力量。而且他们已经和原来不一样了，不再是彼此间没有任何联系的孤立的群体了。工人组织除了联合起来、采取共同行动所产生的巨大威慑力之外，他们很快又拥有了非常充足的财力，法国的工人阶级形象地将其称为"抵抗基金"。到这个时候，整个局势发生了彻底地改变。随心所欲地降低工人的工资或者增加工人的工作时间这种做法，对于资本家来说已经成为一件冒险的事情了。

因此，当时的资本家阶级对工联群起而攻之。这个阶级一向认为他们长期以来已成常规的压榨工人阶级的做法是既得的权利和合法的特权。这时要制止他们这样做了。难怪他们要大叫大嚷，认为他们的权利和财产受到的损害，至少和现在爱尔兰的大地主一样。①

段落大意：所以，当时的资本家阶级联合起来对英国工联进行围攻。资本家阶级一直这样认为，那就是他们长期以来形成的对工人阶级进行剥削和压榨是他们理应得到的合法的权利。现在，工联要阻止资产阶级对工人阶级进行剥削和压榨，他们当然不能接受了，因此他们就会大呼小叫，认为他们自己几乎和爱尔兰的大地主一样，在权力和财产上都遭受了损失。

60年的斗争经验使资本家多少学乖了一些。工联现在已经成了得到承认的机构，它作为工资的调节者之一的作用，被承认为同工厂法作为

---

① 《马克思恩格斯全集》中文第2版第25卷，人民出版社2001年版，第497页。

工作时间的调节者的作用完全一样。不仅如此,兰开夏郡的棉纺厂主们最近甚至模仿起工人来了,现在他们已经知道怎样在对他们有利的时候组织罢工,而且组织得不比任何工联差,甚至还要好。[①]

工厂法(Factory Acts)指的是英国有关工厂雇用工人及劳动时间、劳动条件等方面的立法总称。早在18世纪末期,为了反对残酷剥削和压榨工人的工厂制度,工人阶级开展了一系列斗争,直到19世纪的30—50年代,这一斗争达到高潮并在立法方面取得了显著成果。1802年,英国议会颁布的《学徒健康和道德法》被认为是英国最早的工厂法规,该法规定在棉纺织业工作的学徒工的每日工作时长为12小时,并要求为他们提供基本的教育。空想社会主义者罗伯特·欧文从1815年开始为童工争取每日工作10个半小时的工作制而努力。在欧文的努力之下,1819年英国通过的《工厂法》规定:资本家不能雇用9岁以下的儿童,年龄在9~16岁的少年每日的工作时间不得超过12小时,而且不能值夜班。但是由于当时这些法令是委托地方负责治安的法官进行监督并执行的,由于缺乏有效的监督,所以导致很多工厂根本就没有执行这些法律法规。[②]

1833年英国议会通过的《工厂法》对于不同年龄工人每周的工作时间做了相应的规定,其中9~13岁的少年每周工作时间不超过48小时,14~18岁的工人每周工作时间最多68小时,禁止纺织厂雇用9岁以下的童工,还要求企业要利用一部分时间对童工进行教育,同时还任命了工厂视察员,安排他们去企业监督法律的执行和实施情况,他们只对中央政府负责,这就使得《工厂法》在执行过程中能取得一定的成效,避免流于形式。

由于工人阶级争取法定10小时工作日的斗争一直持续不断,在此之后,英国议会又多次通过《工厂法》,直到1847年5月,英国议会通过了《十

---

① 《马克思恩格斯全集》中文第2版第25卷,人民出版社2001年版,第498页。
② 参见王觉非主编:《欧洲历史大辞典》上册,上海辞书出版社2007年版,第726页。

小时工作日法案》，规定女工和童工实行10小时工作制。在1850年和1853年英国又两次通过《工厂法》，规定工厂每天最多开工12个小时，女工和童工每周的工作时间不得超过58—60个小时，周日每天工作不得超过10.5个小时，周末不得超过7.5个小时，这就有效地限制了所有纺织工人的劳动时间，也是工厂立法改革运动的一个胜利。①

段落大意：通过与工联进行了60年的斗争，在这一过程中，资本家已经与过去不同了，已经学乖了一些。毕竟现在工联已经是一个被国家法律所承认的合法机构；工联作为工资的调节者之一，它的作用与作为工作时间的调节者的工厂法的作用是完全一样的。不光如此，在兰开夏郡，最近那里棉纺厂的资本家们甚至开始向工人学习，工人们现在已经意识到什么时候组织罢工对他们最有利，而且他们组织的罢工有条不紊，绝对不比工联组织的差，有的时候甚至比工联组织得还要好。

这样，工联活动的结果是：工资规律违反雇主的意志而得到了实现；任何组织完善的行业的工人，都能获得至少接近于他们所提供给雇主的劳动力的全部价值；在国家法令的帮助下，工作时间至少不会过分超出最大限度致使劳动力过早耗尽。但这是工联按其目前的组织来说所可望达到的极限，就是这些也只有经常地斗争、大量地消耗人力和财力才能达到。而且十年至少有一次的营业波动，可以一下子把已经争得的一切破坏掉，于是斗争又得重新开始。摆脱这个恶性循环的出路是没有的。②

段落大意：这样，工联组织工人运动的结果就是：违背资本家意志的工资规律最终得以实现；所有的已经组织起来并且组织非常完备的那些行业的工人，他们所获得的工资，至少都接近他们出卖给资本家的劳动力的全部价值；特别是在议会通过的工厂法的帮助下，工人的工作时间始终

---

① 参见王觉非主编：《欧洲历史大辞典》上册，上海辞书出版社2007年版，第726页。
② 《马克思恩格斯全集》中文第2版第25卷，人民出版社2001年版，第498页。

不会超过那个最高的限度并造成工人的劳动能力被提前消耗殆尽的状况。但这是工联根据其当前开展工人运动的情况所能够取得的最好效果，就连要取得这样的效果，也是工联通过开展经常性的斗争，并在这一过程中消耗了大量的人力和财力的情况下才得以实现的。而且，十年一次周期性爆发的经济危机，能够一下子就把工联斗争取得的一切成果毁于一旦，因此，工联为了使工人获得应得的劳动报酬，不得不重新开展斗争。没有什么办法能够跳出这个恶性循环。

工人阶级一如既往，仍然是我们的宪章派先辈所不讳言的雇佣奴隶阶级。难道这一切努力、自我牺牲和苦难的最后结果就应该是这样的吗？难道这永远是英国工人的最高目的吗？抑或英国工人阶级最后应当努力突破这个恶性循环，从彻底废除雇佣劳动制度的运动中找到一条摆脱这个恶性循环的出路？①

段落大意：工人阶级还是和过去一样一贫如洗，他们还是英国宪章派前辈直言不讳地称为雇佣奴隶阶级的那个阶级。难道工人阶级所有的付出、所有的自我牺牲和所遭受的一切苦难最终就换来这样的结果吗？难道这就是英国工人阶级所追求的最高目标吗？或者英国工人阶级应该通过自身的努力打破这个恶性循环，最终从彻底废除雇佣劳动制度的斗争中找到一条可以永远摆脱这种恶性循环的方法？

下个星期我们将考察工联作为工人阶级的组织者的作用。②

段落大意：下一个星期，我们将讨论工联作为工人阶级的组织者在领导工人运动中所发挥的作用。

---

① 《马克思恩格斯全集》中文第2版第25卷，人民出版社2001年版，第498页。
② 同上。

《工联》(二)

到目前为止,我们仅仅就工联在帮助调节工资额并保证工人在和资本作斗争时至少有一些抵抗手段方面,考察了它的作用。但是我们的论题不只限于这一方面。①

段落大意:到现在为止,我们只是考察了工联在调解工资并保证工人在同资本进行斗争的过程中至少能够采取一些斗争方式这方面的作用。但是,我们讨论的话题不仅仅局限于这个方面。

我们说的是工人反对资本的斗争。不管资本的辩护士怎样加以否认,这种斗争确实是存在的。只要减少工资仍旧是增加利润的最可靠、最简便的方法。而且,只要雇佣劳动制度本身仍旧存在,这个斗争也将存在。工联的存在本身就足以证明这一事实。如果成立工联不是为了反对资本的侵夺,那又是为了什么呢?②

马克思认为,在资本主义社会中,资本是作为一种集中的社会力量存在的,而工人虽然也是作为一支社会力量而独立存在的,但是,由于"工人能支配的力量只有自己的劳动力。……工人的社会力量仅在于他们的数量。然而,数量上的优势被他们的分散状态所破坏。工人的分散状态之所以造成并长期存在,是由于他们自己之间的不可避免的竞争"③。这表明工人除了自己的劳动力是一无所有的,作为劳动力,他们之间不可避免地会进行竞争,而这种竞争势必会影响工人阶级作为社会力量作用的集中发挥。因此,在资本主义社会中,工人和资本之间的力量对比导致劳资双方之间永远不可能在公平合理的条件下签订协定,"甚至从一个把生活

①《马克思恩格斯全集》中文第2版第25卷,人民出版社2001年版,第498—499页。
②同上,第499页。
③《马克思恩格斯全集》中文第2版第21卷,人民出版社2003年版,第272页。

资料和劳动资料的所有权同活的生产力置于相互对立地位的社会的眼光看来订得公平合理,也是不可能的"①。

1866年8月,马克思在《给临时中央委员会代表的关于若干问题的指示》中对工会产生的原因及其重要作用进行了科学的阐述。他明确指出,工联作为工人阶级组织之所以出现,最初的原因是为了消除或至少削弱工人们彼此之间的这种竞争,是为了自己在签订劳资协定时能够获得一些对自己有利的条件而自发地组织起来的。因此,工联最直接的任务就是"仅限于日常的需要,设法阻止资本的不断侵权,一句话,仅限于工资和劳动时间的问题。工会的这种活动不仅是合法的,而且是必要的。只要现在的生产制度还存在,就不能没有这种活动"②。同时,马克思还针对工联在不知不觉中已经成为工人阶级的组织中心这一现实强调指出:"如果说工会对于进行劳资之间的游击式的斗争是必需的,那么它们作为彻底消灭雇佣劳动制度和资本统治的一种有组织的力量,就更为重要了。"③这些论述充分说明马克思已经认识到工会组织在反对雇佣劳动制度中的重要作用。

段落大意:我们谈论的是工人反对资本的斗争。无论那些为资本辩护的人如何否认,工人反对资本的斗争这一事实是客观存在的。只要通过降低工人的工资就能够实现利润的增加,而且这是一种最简单、最可靠的办法;同时,只要资本主义雇佣劳动制度仍然存在,那么工人同资本的斗争必将长期存在。工联的存在本身就足以证明工人同资本的斗争这一客观事实。如果工联的成立不是为了反对资本侵害工人的利益,那它又是为了什么目的成立的呢?

①《马克思恩格斯全集》中文第2版第21卷,人民出版社2003年版,第272页。
②同上,第272页。
③同上,第272—273页。

掩饰是没有用的。含糊其词遮不住一个丑恶的事实,即当前的社会基本上分为两大对抗的阶级,一方是拥有全部生产资料的资本家,另一方是除了自己的劳动力以外一无所有的工人。后一个阶级的劳动产品必须在两个阶级中间分配,而正是为了这种分配经常进行斗争。每个阶级都想尽量多分到一些。在这个斗争中,最奇怪的是,尽管工人阶级斗争的目的只是要得到自己产品的一部分,但他们却经常被指责为简直是在掠夺资本家![①]

段落大意:任何掩饰都是毫无意义的。无论如何地含糊其词都无法掩盖这样一个丑陋的事实,那就是在资本主义社会中存在着两大基本对立的阶级:一个是拥有全部生产资料的资本家阶级,另一个是仅拥有自己的劳动力、除此之外一无所有的工人阶级。工人阶级生产的劳动产品必须在资本家和工人阶级之间进行分配,而正是在这一分配过程中,工人和资本进行不断地斗争,因为无论是资本家阶级还是工人阶级,都想在分配过程中尽可能得到的多一些。在工人和资本斗争的过程中,最令人感到奇怪的事情是,尽管工人阶级进行斗争的目的仅仅是为了获得自己生产的产品的一部分,但他们的这一行为却常常被指责为是对资本家阶级的掠夺!

但是,两大社会阶级之间的斗争,必然会成为政治斗争。中等阶级即资本家阶级同土地贵族之间的长期斗争就是这样,工人阶级同上述那些资本家之间的斗争也是这样。[②]

段落大意:但是,资本主义社会中两个对立的阶级之间进行的斗争,最终不可避免地会演变成为一场政治斗争。这是因为作为中等阶级的资本家阶级跟地主阶级的长期斗争最终演变为政治斗争,所以工人阶级同

---

① 《马克思恩格斯全集》中文第2版第25卷,人民出版社2001年版,第499页。
② 同上。

前面所说的那些资本家之间的斗争最终也会演变为政治斗争。

　　凡是阶级对阶级的斗争,其斗争的直接目的都是政治权力;统治阶级保卫自己的政治上的统治地位,也就是说要保住它在立法机关中的牢靠的多数;被统治阶级首先争取一部分政治权力、然后争取全部政治权力,以便能按照他们自己的利益和需要去改变现行法律。①

　　阶级是指历史上一定的社会生产体系中处于不同地位的社会集团。马克思认为:"(1)阶级的存在仅仅同生产发展的一定历史阶段相联系;(2)阶级斗争必然导致无产阶级专政;(3)这个专政不过是达到消灭一切阶级和进入无阶级社会的过渡……"②恩格斯明确指出,这些彼此之间进行相互斗争的社会阶级,无论在哪一种社会中,他们都是生产关系和交换关系的产物,总而言之一句话,他们都是自己所处的那个时代的经济关系的产物。由此可见,阶级就是社会生产力发展到一定阶段的必然产物,是生产力与生产关系矛盾运动的结果。在列宁看来,阶级就是这样一些社会集团,在历史上一定的社会生产体系中,由于这些集团所处的地位不同,因此,他们对生产资料的关系(这种关系大部分是在法律上明文规定了的)也不尽相同,他们在社会劳动组织中所发挥出来的作用也是各不相同的,因而,他们获得的自己可以支配的那份社会财富的方式和多寡自然也不尽相同。所谓阶级,就是这样一些集团,因为他们在一定社会经济结构中所处的地位不同,其中的一个集团可以无偿地占有另外一个集团的劳动。在所有的这些关系中,对生产资料的占有关系是阶级产生的经济根源和阶级存在的经济基础,也是划分阶级的根本依据和标准。③

　　段落大意:凡是不同阶级之间的斗争,其斗争的直接目的无一例外地

①《马克思恩格斯全集》中文第2版第25卷,人民出版社2001年版,第499页。
②《马克思恩格斯文集》第10卷,人民出版社2009年版,第106页。
③ 参见徐光春主编:《马克思主义大辞典》,崇文书局2017年版,第162页。

是为了夺取政治权力;对于统治阶级来说,它总是竭尽全力地维护其自身在政治上的统治地位,也就是要保证自己在立法机关中占有绝对多数的席位;而对于被统治阶级来说,首先要通过斗争去争取获得一部分政治权力、然后再继续开展斗争,直到最后能够争取获得全部的政治权力,这样,被统治阶级就可以按照自己的意志和自身的需要,对现行法律进行修改,从而制定出维护自身权利和利益的法律条文。

所以,大不列颠工人阶级多年来激烈地甚至采用暴力为了能赋予他们这种政治权力的人民宪章而斗争。他们失败了,但是斗争留给胜利了的资产阶级的印象,却使得这个阶级从那时起,甘愿以不断向工人让步为代价来换取比较长期的休战。①

段落大意:所以,多年以来大不列颠的工人阶级为了保卫能够赋予他们这种政治权力的人民宪章,采取了激烈的方式甚至不惜采用暴力的手段进行斗争。工人阶级的斗争虽然最终失败了,但是他们进行的斗争让业已取得胜利的资产阶级刮目相看,也就是从那个时候开始,资产阶级宁愿通过不断地向工人阶级作出妥协和让步来换取持久的和平。

在阶级对阶级的政治斗争中,组织是最重要的武器。随着纯政治的或者说宪章派的组织的瓦解,工联组织日益壮大起来,到现在,它的力量已经达到了其他国家的任何工人组织都不能相比的程度。拥有100万到200万工人并得到较小的或地方的工联支持的几个大工联,代表着统治阶级的任何政府,不论辉格党或扎利党的政府都必须加以重视的一支力量。②

1679年,英国议会在讨论信奉天主教的约克公爵(即后来的詹姆斯

---

① 《马克思恩格斯全集》中文第2版第25卷,人民出版社2001年版,第499页。
② 同上,第499—500页。

二世)是否有权继承王位问题时,针对关于剥夺约克公爵王位继承权的《排斥法案》展开了激烈的争论。在围绕《排斥法案》进行的争论中产生了两个持不同政见的党派:辉格派与托利派。以萨夫茨伯里伯爵为首的一批议员通过递交请愿书,表明自己坚决反对约克公爵詹姆斯继承王位的态度,并要求召开议会讨论通过《排斥法案》;他们这批议员被称为"请愿者"。而以丹比伯爵为首的一批议员却对《排斥法案》持反对的态度,反对通过该法案,他们这批议员被称为"憎恶者"。

"辉格"(Whig)一词源于苏格兰的盖尔语,其原意是"盗马贼",本来是人们讽刺苏格兰长老派的一个称呼,由于"请愿者"中的大多数人都是长老派,所以他们的政敌将其视作苏格兰长老会圣约派的同盟者,称呼他们为"辉格"。"托利"(Tory)一词源于爱尔兰地方的克尔特语,其原意是"不法之徒",本来是人们对爱尔兰天主教徒的一个蔑称,由于"憎恶者"中的大多数人都是天主教徒或同情天主教者,因此他们的政敌把他们视为同情爱尔兰天主教徒的不法之徒,称其为"托利"。辉格派支持《排斥法案》,而托利派则反对该法案。①

由于辉格派与托利派在刚产生时既没有政治纲领,也没有固定的组织,因此还不能称为近代意义上的政党。到18世纪初,随着政治上的自由和公开化,辉格派与托利派在政治斗争中逐渐定型,发展成为英国历史上的两大政党,即辉格党和托利党。它们是世界近代史上最早的政党。

辉格党是英国新兴资产阶级和新贵族利益的代表者,主张限制王权,提高议会的权力。1688年发生的"光荣革命"就是辉格党联合部分托利党人发动的。在威廉三世统治时期,辉格党形成了强有力的政治集团,1694年首次组成一党政府。在争夺议会席位和政府官职的斗争中,辉格派取得了对托利派的明显优势。1714—1761年的近半个世纪当中,辉格

---

① 参见王觉非主编:《近代英国史》,南京大学出版社1997年版,第147页。

派长期执政并一直在政治上占优势地位。在18世纪下半期至19世纪初，辉格党曾一度在政治上失势，直到于1830年才又重新上台，他们提出并通过了1832年的议会改革法案。到19世纪中叶，辉格党的势力大为增加。在英国工业迅速发展、经济日益繁荣的条件下，辉格党制订的政策集中反映了工商业资产阶级的利益。1859年，辉格党演变为英国自由党。辉格党在19世纪中期曾辉煌一时，19世纪末20世纪初走向衰落。①

托利党是英国土地贵族和上层英国国教徒的利益的代表者，主张维护王权。托利党对于詹姆斯二世即位后力图恢复天主教的措施，持反对态度，该党中的一些成员参加了1688年的"光荣革命"。在此之后，托利党在英国政坛上长期处于次要地位，尤其是1714年汉诺威王朝建立后的半个世纪中，政权一直被辉格党所把持。到18世纪中叶以后，辉格党逐渐成为英国的主要执政党。当法国发生大革命的时候，辉格党中的一部分温和派不再支持辉格党，而是选择支持由小皮特领导的新托利党。到19世纪30年代英国工业革命基本完成后，托利党内分化为倾向改革的自由主义派和反对革新的保守主义派。19世纪中叶罗伯特·皮尔时期，托利党演变为保守党。②

段落大意：在阶级与阶级之间进行的政治斗争中，组织是最强有力的斗争武器。伴随着纯粹政治性质的组织或者说宪章派的组织的瓦解，工联这个工人阶级的组织逐渐发展壮大起来，到目前为止，它的力量异常强大，已经达到了其他国家的任何工人组织都无法与之相媲美的程度。代表统治阶级利益的任何一个政府，不管它是代表辉格党的利益还是代表托利党的利益，都不得不高度重视几个大工联这支拥有100万到200万工人并得到较小地方或地方工联支持的政治力量。

---

① 参见王觉非主编：《欧洲历史大辞典》上册，上海辞书出版社2007年版，第704页。
② 同上，第703—704页。

这些强有力的组织,按照它们在这个国家里产生和发展过程中形成的传统,直到现在还把自己的活动几乎严格地局限于参与调节工资和工作时间以及要求废除公开敌视工人的法律这种职能上。如上面已经讲过的那样,它们这样做已经取得了它们有权期望的结果。但是它们得到的比这还多,因为统治阶级对它们的力量比它们自己了解得更清楚,自动向它们作了更多的让步。①

段落大意:作为有影响力的组织,这几个大工联根据它们在英国最初产生和发展过程中形成的传统,直到现在它们依然把自己开展的活动严格地局限在工人工资的调节、工作时间的确定以及公开敌视工人的法律的废除这些事情上,不越雷池半步。就像前面所说的那样,工联所开展的这些活动取得了它们所希望取得的预期效果。其实,工联开展的活动取得的成效比它们预期的要多得多,因为资产阶级对于工联的强大力量非常了解,远比工联自己了解更清楚,因此,资产阶级主动地向工联作了很大的让步。

迪斯累里的户主选举法至少使有组织的工人阶级中的大部分获得了选举权。如果他没有预料到这些新选民将表示他们自己的意志,而不再听命于资产阶级自由党的政客,那他会提出这样的法案吗?如果工人没有在管理他们的规模巨大的工联组织方面证明他们有从事行政和政治工作的能力,那他能使这项法案通过吗?②

迪斯累里(Benjamin Disraeli,也译为迪斯雷利)(1804—1881),生于伦敦,犹太人之子,是英国国务活动家、保守党领袖、作家,曾于1868年、1874—1880年两次担任英国首相。他在把托利党改造为保守党和英国大力推行对外侵略及殖民扩张的过程中都发挥了重要作用。迪斯累里于

①《马克思恩格斯全集》中文第2版第25卷,人民出版社2001年版,第500页。
②同上。

1835年加入托利党,1837年当选为下议院议员。在19世纪40年代初,领导被称为"青年英格兰"的托利党集团在议会中开展活动,反对皮尔内阁废除《谷物法》,实行粮食自由贸易的政策。1848年,他成为保守党的领袖,1848—1852年领导并重建了保守党。在1852年、1858—1859年、1866—1868年,他三次在保守党内阁中担任财政大臣。1867年,迪斯累里提出的议会改革法案获得通过,使选民扩大到250万人,扩大了保守党的影响。1868年2月,迪斯累里担任英国首相,同年辞职,在野期间他攻击格莱斯顿的外交政策和对爱尔兰的政策。1874年,他受命组织保守党内阁,制订了包括《公共健康法》(1875年)、《商运法》(1876年)在内的改革政策的相关法令。同时,他还积极推动海外殖民扩张掠夺,1875年,英国以购买400万英镑股票的方式控制了苏伊士运河。1876年,他提议授予维多利亚女王以印度女皇称号,本人也被封为比康斯菲尔德伯爵。为了限制俄国在巴尔干半岛的扩张,他在1878年召开的柏林会议上为英国取得塞浦路斯岛。他还发动了侵略阿富汗(1878—1879年)和南非祖鲁人(1879年)的战争。由于侵略阿富汗战争失利和遭受南非布尔人反英起义的打击,导致保守党在1880年的大选中失败,他本人不得不退休。他于1881年去世。①

　　户主选举法,又称为《1867年人民代表制法令》或《1867年议会改革法》。1832年的英国议会改革没有根除贵族政治的残余,针对于此,包括工人阶级和资产阶级激进派在内的社会各阶级都要求议会继续进行改革,工人阶级仍然坚持每个成年男性应该获得选举权和秘密投票权。1848年,资产阶级激进派代表人物休谟呼吁再次对议会进行改革,在卜院提出扩大选举权范围,但他的改革动议遭到各方面的一致反对。1849年,休谟又一次提出,所有的房屋持有者都应该享有选举权,应采取秘密

---

① 参见王觉非主编:《欧洲历史大辞典》上册,上海辞书出版社2007年版,第739页。

投票的方式进行选举,每届议会的任期不得超过三年,应该更公平地分配人口代表的比例,其目的是建立一个更有利于工商业资产阶级的立法机关。但是休谟的这一提议再次遭到否决。保守党人坚决反对扩大选举权和议会改革。[①]

在19世纪60年代,英国工人运动的中心问题是进行争取普选权的斗争。工人阶级基于改善经济条件方面的考虑,强烈地要求对议会进行改革,以实现成年男子能够获得普选权的目标。早在1864年4月,英国资产阶级激进派就成立了全国改革联盟(National Reform Union),提出了实行三年一次的议会选举、秘密投票、平等分配议席和纳税人选举权等改革要求。但是资产阶级激进派拒绝实行普选权,他们的这种行径引起工人阶级的强烈不满。于是,1865年2月23日,英国选举改革运动的拥护者们在伦敦的圣马丁教堂集会,英国工人阶级争取选举法改革的群众组织——改革同盟宣告成立。国际总委员会委员奥哲尔、克里默等人参加了改革同盟的领导机关——同盟理事会和执行委员会。同盟提出全英所有的男性成年居民都应该获得普选权。为了实现工人阶级对改革运动的领导,并把英国工人阶级争取到第一国际一边,马克思、恩格斯主张工人阶级在进行争取普选权的斗争过程中可以与资产阶级激进派建立联盟,以争取到中小资产者的支持。1865年5月13日,工人阶级和资产阶级激进派在伦敦成立了全国改革同盟,在英国各大工业城市和地方都设有分支机构。该同盟成立后,为工人阶级开展争取基本政治权利的斗争,组织了多次全英范围内声势浩大的群众集会和示威游行。在工人运动的强大压力之下,为了巩固其执政地位,新上台的保守党政府被迫提出扩大选举权的改革方案,新的选举改革法案于1867年8月15日在英国议会获得通过。[②]

---

① 参见王觉非主编:《近代英国史》,南京大学出版社1997年版,第560页。
② 参见王觉非主编:《欧洲历史大辞典》上册,上海辞书出版社2007年版,第730页。

1867年通过的议会改革法规定：凡是在英格兰和威尔士未违法的成年男子在当地居住12个月以上，按规定缴纳济贫金、拥有自己住房的房主或每年付10英镑及以上房租的房客，都可以获得选举权；在各郡，凡是每年收入5英镑以上的租地者和每年收入12英镑以上的土地所有者，都可以成为选民，拥有选举权。这一规定的颁布，让小资产阶级和部分工人阶级获得了选举权，英国选民的数量由136万人增加到了247.7万人①，但是英国全国还有一半以上的男子和所有妇女仍未获得选举权。该法案还对英国选区的设置进行了调整，取消了11个腐败选区选派2名议员的权利，并减少了35个腐败选区的议席，由原来的2个议席减为1个议席；对于空出来的52个议席重新分配。苏格兰获7席，英格兰获45席，其中利物浦、曼彻斯特、伯明翰、利兹、索尔福德、默瑟尔–提德维尔各增加1席，伦敦大学得到1席，兰开夏郡得到3席，约克郡西雷丁区得到2席，柴郡和哈克尼各得到2席，9个中等城市各获得1席，在10个郡建立10个新选区，每个选区各获得2席。②

这一法案的通过，直接的后果是让英国选民的数量增加了一倍多，一部分工人获得了选举权，新增选民中有一半是工人，此后，在过去只有统治阶级有发言权的政治舞台上，工人也可以为维护自己的利益公开发表言论了，这表明中小资产者和一部分工人上层分子享有了参政权，英国工人阶级在1867年议会改革中显示出了巨大的力量。

1867年英国议会改革之后，由于改革同盟中的资产阶级激进派领导人的动摇和工联机会主义领袖的妥协，只有小资产阶级和工人阶级的上层获得了选举权，而广大工人、农民以及贫民并没有获得选举权③，他们在政治上仍然处于无权的地位。1884年，自由党为了同保守党争夺农村的选票，同时为了缓和农村居民要求政治权利的斗争形势，自由党再次进行

① ② 参见王觉非主编：《欧洲历史大辞典》上册，上海辞书出版社2007年版，第730页。
③ 参见孔经纬等编：《〈马克思恩格斯选集〉历史词典》，商务印书馆1992年版，第385页。

议会改革,使1867年为城市居民规定的享有投票权的条件也同样适用于农村地区,选民的人数从250万人增加到450万人(当时英国人口约3600万人)。但这次改革也只是给了小农和一部分高工资的农业工人以选举权,而农村无产者、城市贫民以及所有的妇女仍然没有选举权。[①]尽管如此,这次改革还是取得了很大的成效,让相当一部分熟练工人获得了选举权。这次改革让地主贵族的势力进一步下降,在取消了腐败选区之后,地主贵族再也不能像从前那样随心所欲地选送代表到下院去了,而资产阶级在下议院的地位得到了进一步的加强。

自由党(Liberal Party)是英国资产阶级政党之一,与保守党并列为英国的两大政党,其前身是辉格党。在1832年的英国议会改革之后,辉格党逐渐转向了自由主义,因此辉格党人经常被称为自由党人。1839年,约翰·罗素开始使用自由党这一名称。后来他们与代表新兴工业资产阶级利益的激进派建立起联系,并与保守党中的皮尔派进行联合。1859年6月,代表工业资产阶级和金融寡头利益的自由党正式形成,该党主张自由贸易和进行殖民扩张等。在19世纪下半叶的英国,自由党与保守党轮流执政。1868—1894年间,自由党在格莱斯顿的领导下执政12年,采取了包括建立国民教育制度、秘密投票制、工会合法化在内的多项改革措施。1886年,由于格莱斯顿提出的一个关于让爱尔兰拥有地方自治政府的《爱尔兰自治法案》在党内遭到强烈反对,这使得自由党内产生了严重分歧,自由党的分裂由此开始。1886年,以张伯伦为代表的一批人组成了"自由党统一派",并且开始与保守党进行合作。1906—1915年,自由党再次上台执政,又通过了一系列社会改革法案,包括《矿工八小时工作法》《养老金法案》《国民保险法》等,奠定了未来福利国家的基石。1911年通过的《议会法》标志着自由党激进主义的结束,导致在1906年选举中

---

① 参见孔经纬等编:《〈马克思恩格斯选集〉历史词典》,商务印书馆1992年版,第385页。

胜利的自由党和工党联盟开始瓦解。在第一次世界大战期间,自由党不得不同保守党、工党组成联合政府。从1924年之后,自由党的地位日益没落,逐渐被工党所取代,成为英国的第三党。1988年,自由党与社会民主党合并,组成了自由民主党。①

段落大意:迪斯累里执政时期通过的户主选举法至少让已经组织起来的工人阶级中的大部分人获得了选举权。迪斯累里之所以提出并通过这样的法案,原因在于:他认为这些新选民会根据自己的意愿进行选举,而不再听从资产阶级自由党的指令。如果迪斯累里不是考虑到这一点,那么他怎么会提出这样的法案呢?假如工人阶级没有展示出自身在管理规模巨大的工联组织这方面所具备的开展行政工作和政治工作的能力,那么迪斯累里能让这部法案通过吗?

正是这项措施为工人阶级开辟了一个新的前途。它使工人阶级在伦敦和所有的工业城市中取得多数,这样,就使他们能够用新的武器去同资本斗争,即把本阶级的人派到议会里去。②

段落大意:由于户主选举法的通过,为工人阶级开展政治斗争提供了新的方式。户主选举法的通过,使得在伦敦和其他的所有工业城市的议会中,工人阶级占据了多数席位,这样,就可以让工人阶级能够利用新的武器去同资本进行斗争,也就是让工人阶级将自己的代表派到议会中去。

在这里,我们不得不遗憾地说,工联忘记了自己作为工人阶级的先锋队的责任。这个新武器在它们手里已经有十年多了,但是它们几乎从来也没有拔出鞘来用过它。它们不应当忘记,如果它们不能真正走在工人

① 参见王觉非主编:《欧洲历史大辞典》上册,上海辞书出版社2007年版,第727页。
②《马克思恩格斯全集》中文第2版第25卷,人民出版社2001年版,第500页。

阶级的前列,它们就不能继续保持它们现在所占的地位。[1]

段落大意:但是,我们在这里要非常遗憾地指出,工联没有能够履行自己作为工人阶级的先锋队的责任。工联掌握这个新武器已经有十年多了,但是工联几乎从来也没有把这一利剑拔出鞘来用一用。工联应该牢记,如果自己不能真正走在工人阶级的前列,那么它们就无法保持自己现在所拥有的地位。

英国工人阶级有力量派遣四五十个工人参加议会,却还是永远满足于让资本家或资本家的办事员如律师、编辑等等来代表他们,这是违背常理的事情。[2]

段落大意:英国工人阶级本来可以派遣四五十个工人去参加议会,但是他们却还是习惯于让资本家或资本家的办事员如律师、编辑等这些人来代表自己,这可以说是有悖于常理的事情。

不仅如此,有许多迹象表明,英国的工人阶级正在意识到,他们一些时期以来走了错误的道路,意识到当前专门为了增加工资、减少工作时间的运动,使他们置身于摆脱不掉的恶性循环,意识到祸根不是工资低,而是雇佣劳动制度本身。一旦这种认识在工人阶级中普遍地传播开来,工联的地位一定会大大改变。它们将不再享有作为工人阶级惟一组织的特权。在各行业联合会之外或在它们之上,一定会产生一个总的联合会,一个整个工人阶级的政治组织。[3]

这里所说的"许多迹象"是指从19世纪80年代开始,随着英国政府通过一系列关于普及教育的立法,客观上提高了工人阶级的文化素养,使他

---

[1]《马克思恩格斯全集》中文第2版第25卷,人民出版社2001年版,第500页。
[2] 同上。
[3] 同上,第501页。

们有可能更多地了解各种社会思想,增强阶级意识,并使自己的斗争在更高的层次上进行,英国工人运动逐渐摆脱了自由党的影响。工人阶级队伍中的一批先进分子开始加入激进的组织和俱乐部,并参与其中的活动,他们试图从资本主义制度中找寻产生贫困问题的根源所在,并为爱尔兰的民族自决权进行斗争,在这一过程中,形形色色的社会主义思潮开始出现,马克思主义是这一时期最有影响的社会主义思潮。这一时期,英国社会主义者的数量也随之逐渐增多,而且先后成立了自己的组织。1879年,在伯明翰成立了中部社会民主协会;1881年,亨利·海因德曼(Henry M.Hyndman)在伦敦组建了民主联盟;1884年改称社会民主联盟(Social Democratic Federation),这是英国第一个具有马克思主义倾向的社会团体。作为在当时规模极大的组织,社会民主联盟将英国工人阶级队伍中的社会主义者和激进民主主义者组织在一起,在19世纪80年代的英国工人运动中发挥了重要作用。

马克思曾经一针见血地指出:"工人为工资水平而进行的斗争,同整个雇佣劳动制度有密切的联系;他们为提高工资所做的努力,在一百回中有九十九回都只是为了维持现有的劳动价值;他们必须就劳动价格与资本家讨价还价,因为他们已经把自己当做商品出卖了。他们在和资本的日常冲突中如果畏缩让步,他们就没有资格发动更大的运动。"[1]

段落大意:不仅如此,还有种种现象表明,英国工人阶级已经开始认识到,在过去很长一段时间里,他们走的是一条错误的路线;他们已经意识到自己现在为了增加工资、降低工作时间而进行的斗争,让他们始终无法跳出 个恶性的循环,那就是他们通过不断地斗争实现了增加工资、降低工作时间,但是经历经济危机之后,一切又化为乌有,他们不得不为增加工资、降低工作时间再重新进行斗争,就这样循环往复;他们已经意识

---

[1]《马克思恩格斯文集》第3卷,人民出版社2009年版,第77页。

到工资低不是产生问题的罪魁祸首,资本主义雇佣劳动制度的存在才是产生问题的根源所在。一旦在工人阶级中这种认识发展成为普遍的共识,那么工联的地位不可避免地会发生改变。工联将无法继续享受作为工人阶级唯一组织这种特权,除了各个行业组织的联合会之外,或者在这些行业联合会的基础上,势必会建立起一个总的联合会,而这个总的联合会是一个能够代表所有工人阶级利益的政治组织。

所以,有了组织的各行业必须好好地考虑下述两点:第一,英国工人阶级很快就会明确地要求自己在议会中有充分的代表权。第二,工人阶级也很快就会了解,提高工资缩短工作时间的斗争,以及今天工联所进行的全部活动,并不是目的本身,而只是一种手段,是一种非常必要和有效的手段,但只是达到一个更高目的的许多手段中的一种,这个更高目的就是完全废除雇佣劳动制度。①

马克思和恩格斯认为,工联不仅要改善劳资关系,而且要从根本上改变劳资关系。"工联作为抵制资本进攻的中心,工作颇有成效。它们遭到失败,部分是由于不正确地使用自己的力量。总的说来,它们遭到失败是因为它们只限于进行游击式的斗争以反对现存制度所产生的结果,而不同时努力改变这个制度,不运用自己有组织的力量作为杠杆来最终解放工人阶级,也就是最终消灭雇佣劳动制度。"②

1871年7月3日,马克思在接受美国《世界报》驻伦敦通讯员兰多尔采访时指出:"工人阶级面对日益增长的财富仍然贫穷不堪,面对日益奢侈的世界仍然处境悲惨。他们在物质上的贫困使他们的肉体和精神都受到摧残。他们不能指望别人来解救。因此,他们就绝对有必要把自己的事业掌握在自己手中。他们必须改变他们与资本家、地主之间的关系。

①《马克思恩格斯全集》中文第2版第25卷,人民出版社2001年版,第501页。
②《马克思恩格斯文集》第3卷,人民出版社2009年版,第78页。

这就是说,他们必须改造社会。这就是每一个大家知道的工人组织的共同目的;土地和劳动同盟,工会和互助会,合作商店和合作生产,都不过是实现这一共同目的的手段。"①也就是说,在资本主义社会,工人阶级必须把自己的解放事业牢牢掌握在自己手中,必须改变现存的生产关系,改造整个社会。

在马克思和恩格斯看来,工人阶级对于自己日常所开展的斗争的最终效果,不应该过分夸大,他们要时刻牢记:"在日常斗争中他们反对的只是结果,而不是产生这种结果的原因;他们延缓下降的趋势,而不改变它的方向;他们服用止痛剂,而不袪除病根。所以他们不应当只局限于这些不可避免的、因资本永不停止的进攻或市场的各种变动而不断引起的游击式的搏斗。他们应当懂得:现代制度给他们带来一切贫困,同时又造成对社会进行经济改造所必需的种种物质条件和社会形式。他们应当摒弃'做一天公平的工作,得一天公平的工资!'这种保守的格言,要在自己的旗帜上写上革命的口号:'消灭雇佣劳动制度!'"②

段落大意:因此,凡是已经建立起行业联合会的各个行业需要认真思考下面的问题:第一,对于英国的工人阶级来说,他们应该尽快在斗争中提出自己的利益诉求,也就是在英国议会中,必须保证工人阶级享有充分的代表权。第二,工人阶级很快就会认识到,为了提高工作待遇和缩短工作时间所开展的斗争,以及工联所开展的一切活动,所有这一切并不是最终的目的,这一切都只是一种方法,而且是一种非常必要和有效的方法,但是这种方法在众多为了实现更高目标的方法中,它只是其中的一种而已;这里所说的更高的目标指的是彻底废除资本主义的雇佣劳动制度。

为了工人在议会里有充分的代表权,为了准备废除雇佣劳动制度,必

---

① 《马克思恩格斯文集》第3卷,人民出版社2009年版,第612页。
② 同上,第77—78页。

须要有组织,但不是个别行业的组织,而是整个工人阶级的组织。这件事做得越快越好。世界上没有任何力量能够对组织成一个整体的英国工人阶级进行哪怕一天的抵抗。①

段落大意:工人阶级必须建立起属于自己的组织,但这个组织并非指个别行业所建立起来的本行业的组织,而是包括全体工人阶级的组织。而建立这种组织,其目的包括:一方面,在议会中,要让工人阶级获得充分的代表权;另一方面,要做好彻底推翻资本主义雇佣劳动制度的准备。对于工人阶级而言,建立自己的组织这件事越快完成,对工人阶级越有好处。在这个世界上,已经组织起来的全体英国工人阶级实力超强,没有哪一种力量能够与之相抗衡,哪怕只是抵抗一天也难以做到。

弗·恩格斯写于1881年5月20日前后

原文是英文

作为社论载于1881年5月28日和6月4日《劳动旗帜报》第4号和第5号

中文根据《马克思恩格斯全集》1985年历史考证版第1部分第25卷翻译

第四篇社论
《对法国的通商条约》

这篇文章是恩格斯在1881年6月中旬所写的,作为社论发表于1881年6月18日《劳动旗帜报》第7号上。

---

① 《马克思恩格斯全集》中文第2版第25卷,人民出版社2001年版,第501页。

6月9日,星期四,在下院里,蒙克先生(格洛斯特)提出了一项决议案说:"同法国签订的任何通商条约,如果不是以进一步减低关税来促进两国贸易关系的发展,都将是不能令人满意的。"①

段落大意:在6月9日,星期四,作为格洛斯特选区的议员代表蒙克先生在英国下院开会时提出了一项决议案,指出:"英国与法国之间签订的任何通商条约,如果不是通过进一步降低关税的方法来推动两国贸易关系的发展,那都将是令人失望的、令人不能接受的。"

接着进行了相当长时间的辩论。查·迪尔克爵士代表政府用外交礼节所要求的方式表示了温和的对抗。阿·詹·巴尔福先生(塔姆沃思)主张用报复关税来迫使外国采用较低的关税。斯拉格先生(曼彻斯特)主张甚至不用任何条约,让法国人自己去发现我们同他们的贸易对于双方有什么价值。伊林沃思先生(布拉德福德)认为不能指望通过通商条约达到自由贸易。麦基弗先生(伯肯黑德)声称:现在的自由贸易制度只是一种欺骗,因为它是由自由的进口和有限制的出口构成的。决议案以77票对49票通过了。这一失败既不会伤害格莱斯顿先生的感情,也不会有损他的地位。②

"相当长时间的辩论"是指1881年5月8日,法国政府公布了新的关税税则。新税则为了保护法国的工业利益,对贸易进口方面作出了一些限制。英国议会与法国就签订新的通商条约展开了辩论。英法两国之间为签订这项新的条约反复进行了多次谈判,直到年底也未能取得任何实质性结果。③

格莱斯顿,指威廉·尤尔特·格莱斯顿(William Ewart Gladstone),生于

---

① 《马克思恩格斯全集》中文第2版第25卷,人民出版社2001年版,第502页。
② 同上。
③ 同上,第762页。

1809年12月29日，1898年5月19日因病去世，英国政治家，作为自由党领袖曾于1868—1874年、1880—1885年、1886年、1892—1894年四次出任英国首相。他出生于利物浦一个经营奴隶贸易的富商家庭，曾在伊顿公学和牛津大学学习。格莱斯顿自1832年开始进入英国下院担任议员，除1846年外，直到1895年他一直担任议员。格莱斯顿早年以维护土地贵族利益的托利党人身份投身政治活动，在1834—1835年皮尔执政时期，他出任财政大臣、陆军和殖民政务次官。1841年出任贸易委员会副主席，1843—1845年任贸易委员会主席；1845—1846年，他担任殖民地事务大臣，支持《谷物法》的废除。他在1852—1855年阿伯丁组阁时期担任财务大臣。1859年，格莱斯顿与托利党决裂，加入自由党，在帕麦斯顿第二届政府中任财政大臣（直至1866年）。在以罗素为首相的新内阁中，格莱斯顿实际上是内阁的核心。

1868—1874年，格莱斯顿作为自由党领袖第一次组织自由党内阁。他上台后，一改英国政府过去懒散闲适的作风，实行了一系列的重要改革，内容涉及文官、陆军、教育、工会和司法等方面，包括1870年通过第一个《爱尔兰土地法案》和《初等教育法》；1871—1872年通过卡德威尔的陆军改革措施；1871年颁布工会合法化的法令；1872年通过秘密投票法，这些改革初步奠定了英国现代国家的基础。在1874—1880年处于在野地位时，格莱斯顿对迪斯累里内阁的帝国主义政策进行了猛烈攻击。1880年，格莱斯顿第二次组阁成功。但他上台后却延续了保守党的侵略政策，宣布阿富汗为英国的保护国，出兵入侵埃及，镇压了苏丹马赫迪起义并发动了英布战争。1886年，他第三次组阁后对爱尔兰采取了绥靖政策，提出《爱尔兰自治法案》，但遭到以张伯伦为首的自由党统一派的反对，这导致其政府垮台。1892—1894年他第四次组阁，提出了第二个《爱尔兰自治法案》，但最终被英国上院否决。他本人不得不于1894年辞职，退出英国的政治舞台。①

段落大意:随后,英法两国就签订新的通商条约进行了相当长时间的谈判。查·迪尔克爵士作为英国政府的代表,利用外交礼节对法国政府进行了温和的抗议。塔姆沃思选区的议员代表阿·詹·巴尔福先生主张通过采取报复性关税,来迫使外国降低现行的关税。曼彻斯特选区的议员代表斯拉格先生甚至主张不需要签订任何的条约,通过开展两国间贸易,让法国人自己在贸易往来中认识到英法两国开展贸易对于两国有什么重要意义。布拉德福德选区的议员代表伊林沃思先生认为,不能寄希望于通过通商条约的签订来达成实现自由贸易的目的。伯肯黑德选区的议员代表麦基弗先生认为,现在所谓的自由贸易制度其实是一个骗局,实质上自由贸易制度并不存在,因为进口是自由的,而出口是受到限制的。最终下院以77票同意、49票反对通过了决议案。虽然英国同法国未就双方开展贸易问题达成共识,但是这一结果既不会伤害格莱斯顿先生的感情,也不会影响他的地位。

这次辩论是一连串翻来覆去的抱怨的很好的例子,抱怨愚蠢的外国人、甚至连同样愚蠢的殖民地臣民都那样顽固不化,拒不承认自由贸易的普遍好处及其消除一切经济弊病的能力。②

段落大意:英国同法国就贸易问题进行谈判这件事是反复抱怨的典型事例,抱怨外国人是愚蠢的,同样愚蠢的还有殖民地的臣民,甚至认为他们都是顽固不化的,认为这些人都没有认识到自由贸易带来的利益,以及自由贸易所具有的可以克服一切经济弊端的能力。

从来没有一种预言遭到过像曼彻斯特学派的预言那样彻底的破产。

---

① 参见王觉非主编:《欧洲历史大辞典》上册,上海辞书出版社2007年版,第740页。
②《马克思恩格斯全集》中文第2版第25卷,人民出版社2001年版,第503页。

这种预言说:自由贸易一旦在英国建立起来,就会造福全国,以致其他国家也必然会群起仿效,并向英国的商品开放自己的港口。然而,这些自由贸易使徒们的甜言蜜语依然是旷野里的呼叫。不仅欧洲大陆和美洲整个说来都提高了它们的保护关税,连英国的殖民地,一旦获得了自治,也都跟着仿效;甚至印度也在刚刚被置于国王管辖之下的时候,就立即规定对棉纺织品抽5%的关税,以鼓励本地工业。①

在工业革命之前,英国政府根据重商主义的原则,为了维护土地贵族的阶级利益,长期以来采取了限制进口、支持出口的保护关税政策。最具代表性的行动就是在1815年议会制定通过《谷物法》,该法案规定:当英国国内的小麦每夸特的价格不到80先令时,则不允许从外国进口谷物到英国了。在该法案颁布实施的过程中,地主阶级能够从中不断地获取高额的利润,但是这一法案的实施,却严重地影响了工业资产阶级的切身利益。在19世纪二三十年,工业资产阶级高高举起“自由贸易”的旗帜,强烈要求废除《谷物法》,要求政府对现行经济政策进行改革。曼彻斯特学派正是在这样的背景之下出现的。

曼彻斯特学派(Manchester School)是19世纪初出现在英国的资产阶级自由主义经济学派,因1820年以曼彻斯特商会为据点创立而得名。说到英国的经济自由理论,最早可以追溯到亚当·斯密和大卫·李嘉图等人的学说。李嘉图在1819年当选为英国议会议员,他利用下院的讲坛大肆地宣传自由放任主义的经济思想,他的理论说出了英国工业资产阶级的心声。1820年,曼彻斯特的工商业者以该市商会为基地,形成著名的“曼彻斯特学派”。它的成员不是理论家,而是从事经济活动的商人和工业家,是资产阶级激进派和积极支持自由贸易政策的人士,以科布登和布莱特为领袖。他们鼓吹自由贸易,主张国家不要过多地干涉商业和工业,要

---

①《马克思恩格斯全集》中文第2版第25卷,人民出版社2001年版,第503页。

求结束保护主义政策,特别是废除《谷物法》和保护性关税,结束旧的殖民体制,主张自由放任的经济政策。他们还创办了刊物,其中包括在伦敦发行的《经济学家》杂志和在里兹发行的《里兹使者报》。1820年,曼彻斯特学派曾向下院递交了一份要求自由贸易的请愿书。[①]

段落大意:从来没有哪一种预言像曼彻斯特学派的预言那样,彻底遭到破产。曼彻斯特学派预言认为:英国一旦实行了自由贸易,不但整个英国会从中受益匪浅,而且其他国家也必然会纷纷学习英国的做法开展自由贸易,并且还会向英国的商品开放自己的港口。然而,这只是信仰自由贸易的人们一厢情愿的甜言蜜语罢了,就像是在旷野里欢呼一样。真实的情况是不仅整个欧洲大陆和美洲都提高了它们的保护关税,甚至英国的殖民地,一旦它获得了自治权,也都纷纷效仿着提高了关税;甚至连印度在1858年东印度公司撤销以后、转归不列颠国王直接管辖的时候,为了鼓励支持本地工业,也立刻规定对棉纺织产品征收5%的关税。

为什么会这样,对曼彻斯特学派来说,完全是一个不解之谜。其实,这是显而易见的。[②]

段落大意:为什么英国建立了自由贸易,而其他国家不但没有效仿,反而纷纷提高了自己的关税呢?为什么最终的结果与一开始的预想之间有这么大的差别呢?对于曼彻斯特学派来说,这是一个完全无法回答的问题。事实上,出现这样的结果是不言而喻的。

约在上个世纪中叶,英国是棉纺织工业的主要中心,由于对棉纺织品的需求急剧增长,那里自然就成了发明机器的地方,这些机器借助于蒸汽发动机,首先完成了棉纺织业的革命,接着完成了其他纺织工业的革命。

① 参见王觉非主编:《欧洲历史大辞典》上册,上海辞书出版社2007年版,第726页。
②《马克思恩格斯全集》中文第2版第25卷,人民出版社2001年版,第503页。

大不列颠大片的容易开采的煤田,由于采用了蒸汽,这时成了本国繁荣的基础。伸延很广的铁矿紧挨着煤田,便于制铁业的发展,而对发动机和其他机器的需要,更使制铁业获得了一种新的刺激。①

段落大意:大约到18世纪中期的时候,英国已经发展成为世界上棉纺织工业的主要中心。随着人们对棉纺织产品需求量的大幅度提高,为了增加棉纺织产品的产量,英国开始发明以蒸汽发动机为动力的机器产品,这就使得英国自然而然地成为发明机器的地方。这些新机器的发明大大地提高了劳动生产率,首先在棉纺织业完成了工业革命,此后又在其他纺织行业完成了工业革命。这一时期,因为蒸汽机的广泛应用,英国大面积容易开采的煤田为本国经济的繁荣打下了坚实的基础。英国的制铁业得到了很好地发展,这一行业的发展之所以能够实现,一方面,得益于延伸广泛的铁矿与储量丰富的煤田是紧密相邻的;另一方面,是因为市场上对发动机和其他机器产品的需求不断扩大造成的。

以后,在整个工业体系的这场革命中,发生了反雅各宾战争和拿破仑战争,约有25年,战争几乎把所有竞争国家的船只都从海上赶走,从而使英国的工业品在大西洋彼岸的所有市场和欧洲某些市场上获得了实际的垄断地位。当1815年和平恢复时,拥有使用蒸汽的工厂的英国,已经能够供应全世界,而其他国家当时还几乎不知道蒸汽机。在制造业方面,英国已远远走在它们前面了。②

"整个工业体系的这场革命"指的是工业革命(The Industrial Revolu-tion),又称产业革命,是指以大规模机器生产取代工场手工劳动的过程。"工业革命"一词是法国经济学家布朗基在1837年首次提出的,此后,恩格斯在《英国状况》(1844年)和《英国工人阶级状况》(1845年)中亦使用

---

① 《马克思恩格斯全集》中文第2版第25卷,人民出版社2001年版,第503页。
② 同上,第503—504页。

了该词,并对它作了最早的全面研究。①工业革命是资本主义经济发展的必然结果。1764年,珍妮纺纱机的出现,标志着工业革命的开始。18世纪中叶,英国人瓦特改良了蒸汽机,蒸汽机在欧美各国的广泛采用标志着工业发展进入了"蒸汽时代",此后的一系列技术革命实现了从手工劳动向动力机器生产转变的重大飞跃。到19世纪30年代末,英国的工业革命基本完成。美、法、德、日、俄等国也在19世纪内先后完成工业革命。

在资本主义发展史上,工业革命是一个非常重要的发展阶段。工业革命不仅是一场生产技术的巨大革命,使生产力得到迅速发展,同时,也是一场生产关系的深刻变革,它确立了工厂制对手工劳动的优势地位,提高了生产社会化程度,使建立在机器大工业基础上的资本主义制度最终战胜封建制度。②在生产方式方面,它使机器生产代替了手工劳动,并使工人成为机器和工厂制度的附属品,以更密集的生产形式受到奴役,工厂代替了手工工场。在社会关系方面,它使社会关系简单化——整个社会分裂为两大直接对立的阶级,即资产阶级和无产阶级,两大阶级的对立激化了资本主义的基本矛盾,1825年爆发了资本主义社会的第一次经济危机。③

英国是世界上第一个进行工业革命的国家。经济上,经过圈地运动和农业的全面变革、殖民掠夺、国内外贸易发展和市场体系的形成,为英国进行工业革命提供了必要的资本、劳动力和市场;政治上,君主立宪制的建立和国内政局的相对稳定为进行工业革命提供了必要的政治条件;文化上,英国自17世纪以来在自然科学方面一直处于领先地位,这为英国人进行发明创造提供了理论基础。正是由于具备了上述条件,英国在18世纪60年代开始了工业革命。④

---

① 参见王觉非主编:《欧洲历史大辞典》上册,上海辞书出版社2007年版,第706页。
② 同上。
③ 参见徐光春主编:《马克思主义大辞典》,崇文书局2017年版,第4页。
④ 关于英国工业革命开始的时间,学者王觉非认为英国工业革命始于18世纪70年代。

反雅各宾战争指的是18世纪末至19世纪初,英国纠集欧洲许多封建君主国家进行的一场企图扑灭法国大革命的战争。1789年法国大革命爆发后,打倒了波旁王朝封建专制主义的统治,建立起资产阶级专政的政权。1793年,法国资产阶级革命达到高潮,代表资产阶级下层利益的雅各宾派建立了资产阶级革命民主专政。一开始,英国舆论普遍认为,法国革命是进步的,应该予以同情。在这种氛围之下,英国政府执行的是不偏不倚的中立政策。然而,随着法国革命的深入发展,引起了英国政府和欧洲许多国家封建君主的忧虑,担心本国人民仿效法国,推翻自己的统治。于是,1792年4月,与法国封建王朝有联姻关系的奥地利、法国的近邻普鲁士,首先出面对法国革命进行干涉,于是爆发了法国抗击外来武装干涉的战争。1793年2月,法国向英国宣战,英国政府则立即与俄国、普鲁士、奥地利、西班牙、荷兰和德意志的一些诸侯国组成了第一次反法联盟,从四面八方攻入了法国领土。1793—1794年期间,在雅各宾派政府的领导下,反抗外来干涉的战争取得重大胜利,各国干涉军被赶出法国,英国及其盟国陆战取胜的计划破产。1794年,在法国军队的英勇反抗之下,由于参加第一次反法联盟的国家成分复杂,各自的利益和目的不同,彼此之间难免互相倾轧。1795—1797年间,普鲁士、荷兰、西班牙、奥地利等国先后与法国缔结和约,退出联盟,第一次反法联盟解体。在以英国为首组成的反法联盟中,欧洲各封建君主国干涉法国革命,是为了维护自己的封建统治;而英国干涉法国革命,虽然具有反对革命、维护君主制的政治保守主义性质,但其主要目的是为了消灭竞争对手,争夺欧洲和世界的商业和殖民霸权。

拿破仑战争是指1796—1815年间法国拿破仑·波拿巴指挥法军同英国、俄国、奥地利、普鲁士等国组成的反法同盟军队进行的一系列战役的总称。1793年,法王路易十六被处死后,以英国为首的欧洲主要国家结成反法联盟干涉法国革命。1793年12月,拿破仑率军收复了被英军占领的土伦。此后,拿破仑作为法国军队统帅在战争中发挥了重要作用。

1799年10月,拿破仑通过雾月十八日政变成为法国的军事独裁者,建立起一支强大的军队。此后,拿破仑发动和平攻势,在1802年3月同英国签订《亚眠和约》,第二次反法联盟解散。在此之前,拿破仑战争的主要目的是为了保卫法国革命成果,反抗侵略,反对外国武装干涉,维护法兰西民族的尊严;但在1804年5月拿破仑称帝后发动的大规模对外战争具有侵略扩张和争霸欧洲的性质。直到1815年6月,法军在滑铁卢同反法联军展开决战,最终战败,拿破仑再次退位。拿破仑战争至此宣告结束。[①]

段落大意: 在此以后,在这场整个工业体系的革命发生的过程中,先后发生了历时25年之久的反雅各宾战争和拿破仑战争。经过这两场战争,所有与英国竞争的国家基本上都被它打败了;所有在海上与英国竞争的国家,它们的船只也都被赶走了,这就使得无论是在大西洋彼岸的所有市场上,还是在欧洲某些市场上,英国的工业品最终占据了垄断地位。直到1815年拿破仑战争结束、恢复和平的时候,由于英国有大量使用蒸汽机做动力的工厂,它可以向全世界供应其生产的产品;与此同时,英国之外的其他国家甚至都不清楚蒸汽机到底是什么东西。这充分表明,英国在制造业方面已经超过其他国家,将它们远远地抛在后面了。

但是和平的恢复,很快地促使其他国家也走上英国的道路。法国靠它的禁止性关税这道万里长城的庇护,采用了蒸汽进行生产。德国也这样做了,虽然它的关税率在当时远比任何其他国家(包括英国在内)都宽松。别的国家也都这样做了。同时,英国土地贵族为了提高地租,实施了谷物法,从而提高了面包价格,因此也提高了工资金额。尽管如此,英国的工业仍以惊人的速度向前发展。到1830年,英国已经是竭尽全力要想

---

① 参见王觉非主编:《欧洲历史大辞典》上册,上海辞书出版社2007年版,第612—613页。

成为"世界工厂"了。反谷物法同盟所抱的目的就是使英国真正成为世界工厂。①

土地贵族有两种含义。一种是指在奴隶社会和封建社会中,统治阶级中拥有大量土地并且享有政治经济特权的最高阶层,分别是奴隶社会中的奴隶主贵族和封建社会中的封建贵族。在奴隶社会中,奴隶主贵族掌握着国家政权中的重要职位;在封建社会,土地贵族一般是指那些拥有世袭爵位和封地的各级封建主,他们大多是皇室的内亲外戚或者建立功勋的功臣,这些人直接控制国家机器,享有各种特权,是统治阶级中的特权等级。另一种是指近代以来随着资本主义的发展而出现的资产阶级化的大土地所有者,即新的土地贵族。新的土地贵族中的一部分是由封建贵族转化而来的,他们是采用资本主义方式经营土地的大土地所有者;还有一部分是指那些购买大地产并获得贵族身份的资产阶级暴发户。这种新土地贵族在英国最为典型。在资产阶阶级革命过程中,新土地贵族与大资产阶级相互妥协,建立起了资产阶级和新贵族联合专政的新政权。新土地贵族在相当长的一个时期内一直在政治上处于统治地位,主宰着国家的政治生活。②

段落大意:在战争结束之后,和平的恢复促使其他国家很快也走上了同英国一样的发展道路。在禁止性关税政策这道屏障的保护下,法国工厂开始采用蒸汽机进行生产。虽然当时德国的关税率与其他任何一个国家(包括英国在内)相比,都要宽松得多,但德国的工厂也开始采用蒸汽机进行生产。其他的国家也都相继采用蒸汽机进行生产。与此同时,英国的土地贵族为了提高土地的租金,实施了《谷物法》,这直接导致面包的价格提高,所以,工资金额也随之提高了。虽然如此,但是英国的工业快速向前发展,其发展速度令人叹为观止。1830年左右,英国为了成为名副

---

① 《马克思恩格斯全集》中文第2版第25卷,人民出版社2001年版,第504页。
② 参见孔经纬等编:《〈马克思恩格斯选集〉历史词典》,商务印书馆1992年版,第334页。

其实的"世界工厂",可谓想尽一切办法。英国成立反谷物法同盟的目的就是为了让自己成为真正意义上的"世界广场"。

在当时,并不隐讳取消谷物法追求的是什么目的。减低面包价格,从而减低工资全额,能使英国的制造商们抵抗邪恶的或愚昧的外国人的一切竞争的威胁。[①]

段落大意:在那个时候,反谷物法同盟对于取消《谷物法》的目的是什么从不讳言。其目的就是通过降低面包的价格,进而降低工资额,这样就能够保证英国的资本家在与邪恶的或愚昧的外国人进行竞争时处于有利地位,而不受任何威胁。

英国由于有巨大的机器优势、有庞大的商船队、有煤和铁,应当以工业品供应全世界,而作为回报,外国应当供应英国农产品:谷物、酒类、亚麻、棉花、咖啡、茶叶等等。还有什么比这更自然的吗?天意如此,你若反对,就是完全违抗上帝的旨意。最多可以让法国供应英国和世界其他各地一些不能用机器制造的、而且是先进的厂主们根本不屑于理会的嗜好品和时髦品。那时,而且只有到那时,地球上才会有和平,人类才会和睦。那时,所有国家就会由贸易和互惠的亲密纽带联结起来,和平与丰裕的时代将永远长存,他们对工人阶级、对他们的"人手们"说:"伙计们,好日子就要来到了,再稍等一会儿吧。"当然,"人手们"一直就这样等待着。[②]

段落大意:因为英国在机器、商船队伍、煤炭和铁矿资源等方面都处于优势地位,所以应该将本国生产出的工业产品供应全世界市场,而作为回报,世界上别的国家在享用英国为其提供的工业品的同时,也应该将本国的农产品供应给英国,这些农产品包括谷物、酒类、亚麻、棉花、咖啡、茶

---

① 《马克思恩格斯全集》中文第2版第25卷,人民出版社2001年版,第504页。

② 同上。

叶等等。这难道不是理所当然的事情吗？上天的旨意就是如此,你如果对此持反对态度,那就是完全与上帝的旨意相违背。至多是让法国向英国和世界上其他国家供应一些只能依靠手工生产、机器不能制造出来的、而且是先进的工厂主们根本不在乎的嗜好品和时髦品。到那时,而且也只有到了那个时候,世界上才能够出现和平,人与人之间才能和谐共处。到那时,通过贸易和互惠的方式,世界上所有的国家就会建立起密切的联系,和平与富裕的时代将到来并将永远持续下去,资本家会对工人阶级、对他们的"人手们"(这里指工人阶级)说:"伙计们,好日子就要来到了,再稍等一会儿吧。"当然,工人阶级一直以来就是这样等待着。

然而,当"人手们"等待的时候,那些邪恶而愚昧的外国人却没有等待。他们可看不出,要把英国暂时的工业优势变成确保它永远垄断全世界工业并让别的国家都沦为它的农业附庸(换个说法,就是沦于爱尔兰那种非常令人羡慕的地位)的手段这样一种制度有什么美好。他们知道,任何一个民族,如果被剥夺了工业,从而沦为单纯是庄稼汉的集合体,就不能和其他民族在文明上并驾齐驱。因此他们就使私人的商业利益服从于民族的迫切需要,用高额的关税来保护他们新生的工业,这在他们看来是保障自己不沦于爱尔兰有幸所处的那种经济地位的惟一手段。①

段落大意:但是,当工人阶级等待着的时候,其他的那些邪恶而愚昧的外国人却无法等待下去。因为他们非常清楚地知道,英国想利用本国暂时在工业上取得的优势地位,最终实现对全世界工业进行永久地垄断,同时还让其他国家成为英国农业的附庸(换言之,就是让其他国家像爱尔兰一样,成为英国的农业附庸,表面上看,爱尔兰的这种地位好像是令人羡慕的)的这种做法,对于其他国家来说并不是什么好事。这些国家很清

①《马克思恩格斯全集》中文第2版第25卷,人民出版社2001年版,第504—505页。

楚,任何一个民族,如果他们发展工业的权利被剥夺了,而只是一个单纯的农业国,那么他们在文明方面就难以和其他民族齐头并进了。因此,为了维护本国利益,这些国家要求私人资本主义的发展要以大局为重,必须服务于本民族发展的需要;为了保护自己国家的新兴工业,他们一般采取征收高额关税的方法,他们将这种做法看作是避免自己成为"第二个爱尔兰"(即英国的农业附庸)的最行之有效的唯一方法。

我们的意思并不是说,在任何情况下这样做都是对的。相反地,法国如果大踏步地走向自由贸易,就会得到巨大的利益。德国工业的现状是在自由贸易之下达到的,而俾斯麦的新的保护关税不会损害别人,只会损害德国的工业家本身。但是有一个国家,在那里,实行一个短时期的保护关税政策不仅是正当的,而且是绝对必要的,这就是美国。①

1873—1896年间发生了影响整个发达资本主义世界的大萧条,德国的工业生产出现了严重的不景气,于1876年建立的德意志工业家中央同盟(Zentralverband Deutscher Industrieller),作为争取实现保护关税政策的共同利益组织,因重工业资本家在其中占优势地位,因此,这一组织向政府施压要求提高关税,以保护德国的重工业。在工业生产遇到困难的同时,德国的农业也遇到了严重的结构性危机,包括容克地主在内的整个德国的农场主都遭到了强有力的海外竞争,容克为了捍卫他们在社会上的地位和政治统治上的经济基础,开始放弃长期以来坚持的自由贸易原则,转向了农业保护。面对来自世界的竞争,德国工农业阶级向政府提出了保护的要求,正是在这样的背景之下,俾斯麦于1878 1879年间推行"帝国重建计划",对政治经济政策进行了重大调整,其中包括针对谷物、钢铁和其他工业产品实行保护性关税,取代了在此之前实行的自由贸易政策,

---

① 《马克思恩格斯全集》中文第2版第25卷,人民出版社2001年版,第505页。

转而采取工农业的保护主义政策。1879年7月,帝国议会通过了俾斯麦提出的《关税保护法》。该法规定对输入的铁、机械、纺织品、谷物、木材、牲畜、咖啡、茶叶和酒类等商品征收高额的进口税。

段落大意:我们并不认为实行关税保护这种做法在任何情况下都是正确的。恰恰相反,如果法国大规模地开展自由贸易,将会从中获得巨大的利益。德国就是通过开展自由贸易取得的目前的工业发展水平,而俾斯麦推行的新的关税保护政策不会损害别的国家的利益,只会损害德国工业资本家自己的利益。但是美国这个国家是一个例外,在美国短时期内采取关税保护政策,不但是合情合理的,而且是十分必要的。

美国正处在推广工业已成为全国的需要这样一个发展阶段上。这一点可以由下列事实充分证明:在发明节约劳动力的机器方面领先的已不再是英国,而是美国。美国的发明每天都在取代英国的专利品和英国的机器。美国的机器输入英国,而且几乎是所有的工业部门。此外,美国拥有世界上精力最旺盛的人民,它的煤田和英国相比,英国的煤田就显得几乎等于零,它的铁和所有其他金属也很丰富。[1]

1865年,美国内战结束以后,工业和科学技术获得了巨大的发展。在1860—1890年间,美国国家专利局仅登记的专利就有44万项。随着运输工具的改进,电话、无线电报、打字机、缝纫机和收款机等的相继问世,农业机械的发明,这一切都迅速提高了美国的生产力。[2]

段落大意:当前,美国正处于需要在全美范围内大规模推广工业生产的新发展阶段。这一点我们可以从以下的事实中得到验证:与英国相比,美国已经在发明节省人力的机器方面领先于英国。在美国,每天都有新的专利产品,每天都有新发明的机器问世,在专利产品和发明机器这两方

---

[1]《马克思恩格斯全集》中文第2版第25卷,人民出版社2001年版,第505页。
[2] 参见《马克思恩格斯全集》中文第2版第25卷,人民出版社2001年版,第762—763页。

面,英国已经逐渐地被美国所取代。美国人现在已经开始将自己发明的新机器出售给英国人,而且美国运送到英国的产品几乎遍布英国的各个工业部门。另外,美国人民是世界上精力最旺盛的,美国拥有大面积的煤田,与美国相比,英国的煤田显得微不足道,几乎等于零。美国铁矿石和所有其他金属矿藏的储量也非常丰富。

这样一个国家,经过20年左右短时期的保护关税政策,就可以使它的工业马上达到任何一个竞争者的水平,那么能设想它会让自己年轻的正在成长的工业去同根基久已牢固的英国工业进行一场旷日持久的竞争吗?但是,曼彻斯特学派说,美国的保护关税制度只会使它自己吃大亏。这样说来,一个人如果多出车费坐一小时行驶50英里的特别快车,而不坐一小时行驶12英里的旧的廉价列车,就是使自己吃了大亏。[①]

段落大意:美国这样一个国家,实行了短短20年左右的关税保护政策,却能够让自己的工业水平达到任何一个同它竞争的国家的工业水平,那么可以想象一下,美国会让本国朝气蓬勃的、蒸蒸日上的工业同英国这样一个基础已然十分牢固的老牌工业国开展一场旷日持久的竞争吗?但是,曼彻斯特学派认为,美国实行的关税保护政策只会让它自己吃大亏。按照这样的逻辑,就等于说一个人如果多付车费选择坐时速为50英里的特别快车,而不选择坐时速为12英里的旧的廉价列车的话,那么就相当于他让自己吃了大亏。

毫无疑问,当前这一代人会看到美国的棉织品在印度和中国跟英国的棉织品竞争,并逐渐在这两个主要市场上争得地盘;美国的机器和五金在世界各处(包括英国在内)和英国货展开竞争。佛兰德的制造业转移到

---

① 《马克思恩格斯全集》中文第2版第25卷,人民出版社2001年版,第505页。

荷兰,荷兰的制造业又转移到英国的这种无法改变的必然性,不久就会使世界工业中心从英国转移到美国。而且,在剩给英国的有限的活动范围里,英国还会遇到几个大陆国家的强烈竞争。①

段落大意:毋庸置疑,对于今天的人们来说,他们有机会目睹在印度和中国的棉纺织品市场上,美国和英国之间进行的一场激烈竞争,而美国人最终在这场竞争中胜出,并逐渐在印度和中国这两个主要市场上占据优势地位;在机器和五金产品方面,美国也会在世界各地(包括在英国本土内)与英国展开竞争。面对制造业从佛兰德(亦译佛兰德斯、佛兰德尔,西欧历史地区名。今分别属于比利时、法国和荷兰,包括比利时的东佛兰德省、西佛兰德省,法国的加来海峡省、诺尔省及荷兰的西兰省,曾是欧洲毛纺织业中心之一)转移到荷兰,又从荷兰转移到英国这种必然趋势,那么在不久的将来,必然会出现世界的工业中心从英国转移到美国的结果。而且,在世界上其他可供英国活动的有限范围内,英国还会遭遇到来自其他大陆国家的激烈竞争。

英国工业垄断迅速衰落的事实已经不能再回避了。如果"先进的"资产阶级以为隐瞒这点对他们有利的话,就让工人阶级勇敢地正视这一事实吧! 因为这件事对他们甚至比对那些"上等人"利害关系更大,那些人在一个长时期内也许依然是世界的银行家和放债人,正如在他们以前的威尼斯人和荷兰人在没落的时期那样。但是,当英国巨大的对外贸易开始每年缩减而不是增长时,"人手们"将会怎样呢?②

段落大意:现在,无法回避的事实是英国工业的垄断地位正在迅速衰落。假如那些所谓"先进的"资产阶级认为隐瞒这一事实对他们有利的话,那就让英国的工人阶级勇敢地面对这一事实吧! 因为英国工业垄断

---

① 《马克思恩格斯全集》中文第2版第25卷,人民出版社2001年版,第506页。
② 同上。

地位的不断衰落这件事,相比对资产阶级造成的影响来说,它对工人阶级的利害关系更大一些。在很长一个时期内,资产阶级或许仍然是世界的银行家和债权人,他们的地位和处境就像以前的威尼斯人和荷兰人在没落的时期那样,不会有太大的改变。但是,当英国巨大的对外贸易开始逐年减少而不是增加时,工人阶级的境遇将会是什么样呢?

如果说把铁船制造业从泰晤士河移到克莱德河,就足以使伦敦东头整个陷于长期的赤贫状态,那么,要是英国所有的主要行业都真正移到大西洋彼岸,会给英国带来什么影响呢?[1]

段落大意:如果把造船业从泰晤士河(英格兰西南部河流,是英国的母亲河,发源于英格兰西南部的科茨沃尔德希尔斯,全长346千米,穿过包括首都伦敦在内的十多座城市,流域面积约13000平方千米,注入北海)转移到克莱德河(苏格兰境内的主要河流之一,发源于南拉纳克郡,全长176千米,是苏格兰的第三长河,流经格拉斯哥市,汇入克莱德湾,注入北海峡),就会让整个伦敦东头的贫民区长期处于赤贫的状态。那么,如果把英国所有的主要行业都真正转移到大西洋彼岸的美国,将会给英国造成什么样的严重后果呢?

会给英国干一件大好事:把那条仍然把英国工人阶级同英国资产阶级拴在一起的链条的最后一环打断。这一环就是他们为该国的垄断所进行的共同工作。这一垄断一旦被粉碎,英国工人阶级将被迫谋求自身的利益、自身的解放,并且结束雇佣劳动制度。我们希望他们不会一直等到那个时候。[2]

段落大意:对于英国来说,这将是一件大好事:因为这将彻底打断那

[1]《马克思恩格斯全集》中文第2版第25卷,人民出版社2001年版,第506页。
[2]同上,第506—507页。

条仍然把英国工人阶级同英国资产阶级拴在一起的链条的最后一环。这最后一环就是他们为了维护英国在世界上的垄断地位而共同进行的工作。英国在世界上的垄断地位一旦被粉碎,英国的工人阶级将被迫为了谋求自身的利益和实现自身的解放,为彻底推翻雇佣劳动制度而进行斗争。我们希望英国工人阶级早点觉悟并开展斗争,不要等到最后那一时刻才行动。

弗·恩格斯写于1881年6月中

原文是英文

作为社论载于1881年6月18日《劳动旗帜报》第7号

中文根据《马克思恩格斯全集》1985年历史考证版第1部分第25卷翻译

第六篇社论
《美国食品和土地问题》

这篇文章是恩格斯于1881年6月写的,作为社论发表于1881年7月2日的《劳动旗帜报》第9号上。

从1837年秋天以来,我们对于从纽约输入到英国来的金融恐慌和商业危机已经是见怪不怪了。十年一次的工业骤衰,每两次中至少有一次肇始于美国。但是,如果说美国还应该推翻英国农业中由来已久的关系、彻底改变地主同随时可以令其退佃的佃农之间的古老封建关系、消灭英国的地租、把英国的农田变成一片荒芜,那么这幅景象是要等到19世纪最后25年里才会出现的。①

————————

① 《马克思恩格斯全集》中文第2版第25卷,人民出版社2001年版,第512页。

　　受爆发于18世纪90年代的欧洲战争影响,这一时期美国的贸易获得了长足发展,这也为美国货船主宰欧洲和西半球之间的运输贸易创造了机会。早在1793年,美国的商业舰队规模和对外贸易总额已经超过除英格兰以外的任何国家。按人口比例计算,美国的商船总数和国际商业规模位居世界第一,其中海上运输业的增长速度最快。在1789—1810年间,美国的商船每年海外贸易的吨位从不足12.5万吨增长到100万吨。1789年,美国船只运载的全美出口货物量约为30%,到1800年增长到了90%。同一时期,美国船只运输进口货物的所占比例增长也十分迅速,从17.5%增加到90%。①

　　从19世纪初开始,通过领土扩张和殖民掠夺,美国的资本主义得到了迅速发展。1836年,美国经济繁荣达到了一个高峰。物价在上涨,货币很充足,贷款很容易,特别是房地产生意可谓蓬勃发展。1835—1837年间,美国政府出售了近4000万英亩的公共土地,其中3/4的土地卖给了土地投机商,他们大批购进,转手卖出,获得利润。土地出售的资金,连同1833年关税的收入,使联邦财政资金大幅盈余,国家债务持续减少。1835年,美国政府首次也是历史上第一次摆脱债务,而在1837年美国国库留有大量存款。

　　面对如何解决财政结余问题,越来越多的人支持联邦政府将结余归还给各州财政。1836年,美国国会通过《联邦结余资金法》,要求联邦政府每年分四次将结余资金付给各州,作为一种无利息、无担保的贷款。各州基本都将这笔钱用于资助高速公路、铁路和运河建设上,没人打算最后要归还这笔"贷款"。这样,对丁财政结余的分配更进一步刺激了经济的繁荣。而与此同时,联邦政府将原来政府存入州立银行的基金撤出,为了满足资金的流动,迫使州立银行不得不收回自身的贷款。对于这一投机

---

　　① 参见[美]艾伦·布林克利著:《美国史》(1492—1997)上册,邵旭东译,海南出版社2014年版,第191页。

热潮,美国国会没有采取任何行动加以制止,许多议员甚至还卷入其中。1836年,杰克逊总统担心投机热会造成失控局面,他以为硬币交易能够制止投机热,因此他在离任前发布了《铸币流通令》,规定在政府出售的公共土地交易中只接受金、银硬币。但事实恰恰相反,硬通政策引发了全国性的金融恐慌,造成全美上百家银行和企业倒闭,工人失业率大幅度上升,很多大城市甚至出现了面包暴动。市场物价下降,土地销售价更是如此。大量的铁路和运河工程纷纷下马。债务缠身的几个州政府已经停止支付债券利息,有些甚至拒绝承认任何债务。加之这一时期欧洲(特别是英国)从美国抽走资金,让美国银行的处境更是雪上加霜。随之而来的美国农业歉收,农民购买力下降,导致食品进口增加,引起货币大量外流。这是美国有史以来最严重的经济危机,这场危机延续时间长达五年之久。[①]1837年危机是资本主义世界第二次周期性经济危机,席卷了欧美等主要资本主义国家。为了转嫁危机,资本家解雇了大批的工人,给无产阶级和劳动人民带来了深重的灾难。恩格斯对此曾指出:"危机是政治变革的最强有力的杠杆之一",而经济危机在给劳动人民带来灾难的同时,也促进了无产阶级的觉醒。

段落大意:自1837年秋天开始,我们对于从美国纽约开始的金融危机和商业危机随后波及英国这种情况,已经习以为常了。大约每隔十年左右爆发一次周期性的经济危机,每两次经济危机中至少有一次是从美国开始爆发的。然而,如果说美国还应该彻底推翻存在于英国农业中由来已久的封建关系、彻底改变地主与随时可以退佃的佃农之间的古老的封建关系、取消英国的地租、使英国的农田大量荒芜,上面所说的这种情况大概需要等到19世纪的最后25年里才会出现。

[①] 参见[美]艾伦·布林克利著:《美国史》(1492—1997)上册,邵旭东译,海南出版社2014年版,第261—262页。

现在果然如此。美国西部大草原的处女地——现正施以耕作,不是一小片一小片,而是几千几千平方英里地耕作——目前已开始决定小麦的价格,并从而决定麦田的地租。旧有的土地没有能够比得过它的。那是一种极好的土地,地势平坦,或者稍有起伏,没有陡峭的岗峦阻隔,完全和第三纪海底慢慢淤积起来时的状态一样,没有石块、岩石和树木,适合于直接耕种而不需要做任何准备工作。用不着清理和排水,你只要犁它一遍就可以播种,可以连收二三十茬小麦而不用施肥。这是适合于最大规模耕作的土地,而且也正在以最大的规模来耕种。①

段落大意:现在的情况果然就像前面所说的那样。美国西部大草原上尚未开垦的土地,现在已经开始开垦并进行耕种,在那里的土地耕种,不是小范围的耕种,而是几千几千平方英里的大范围耕种。由于这种大规模地开垦土地,造成粮食产量大增,这已经开始直接影响市场上出售的小麦的价格,并进而也对土地的地租产生了直接的影响。原来的土地根本无法与美国西部新开垦的土地相比。美国西部大草原那里新开垦出来的是一片富饶的土地,那里绝大多数土地地势平坦,有少量的土地略有起伏,但那里没有被陡峭的山峦丘陵阻隔的土地,那里的土地状况完全和慢慢淤积起来形成的第三纪的海底是一样的,在那里的土地上没有石块、岩石和树木,根本不需要进行大量的准备工作就可以直接进行耕种。在那里,不用进行清理和排水,只需要用犁,犁一遍土地就可以直接进行播种;由于那里的土地肥沃,可以连续耕种二三十茬小麦而不用进行施肥。那里的土地非常适合开展规模化耕种,而且现在那里也已经开始进行最大规模化的耕种。

英国的农业家过去常拿他们的大农场来和大陆上自耕农的小农场对

---

① 《马克思恩格斯全集》中文第2版第25卷,人民出版社2001年版,第512—513页。

比而感到自豪。但是,美国大草原上的农场每个占地4万英亩甚至更多,可以说是由真正的军队来耕作的,人、马匹和工具都像士兵一样有训练、有指挥、有组织,比起这样的农场来,联合王国最大的农场又算得了什么呢?[1]

自耕农是农民阶级的一部分,在封建社会中已经产生。自耕农在自己拥有的小块土地上使用自己的生产工具、依靠自己的劳动进行耕种,不对别人进行剥削。14世纪末到15世纪初,英国进入封建社会末期,资本原始积累逐渐侵入农村,出现了农业雇佣工人,事实上其中有一部分就是来自自耕农。自耕农除了在农场出卖劳动力获得工资之外,他们还有自己的小块耕地和其他生产资料,以小块土地私有制为基础,以单个家庭为经济单位,从事经营小规模的农业来维持自己的生活,基本上可以自给自足。随着英国自耕农的大批兴起,促进了英国农村的暂时繁荣,但是由于自耕农是个体小生产者,他们的经济地位极其不稳定,两极分化极为明显。而自耕农之所以出现暂时的发达,是因为虽然庄园组织已经衰落了,但是资本原始积累尚未发展出完全资本主义的农业,一旦这种积累达到必要的水平,那么自耕农也就必然会走向灭亡。[2]

段落大意:过去,英国的农场主们经常用他们自己经营的大农场与欧洲大陆上自耕农的小农场进行比较,在比较之后,英国的农场主们感到十分自豪。但是,现在由于美国西部大草原上的每个农场占地大约4万英亩,有的甚至更多,而且这些大农场基本上是由真正的军队进行耕种的,包括人、马匹和工具在内都像士兵一样有训练有素、有指挥、有组织,因此,和美国这样的大农场相比,英国最大的农场根本就算不上什么了。

美国在农业上的这种革命,加上美国人所发明的革新的运输工具,使

---

[1]《马克思恩格斯全集》中文第2版第25卷,人民出版社2001年版,第512—513页。
[2]参见孔经纬等编:《〈马克思恩格斯选集〉历史词典》,商务印书馆1992年版,第410页。

他们运往欧洲的小麦价格非常低廉,以致任何一个欧洲农场主都不能与之竞争,至少在他必须缴纳地租的时候是不行的。请看1879年当人们第一次感觉到这个问题时的情形。那一年整个西欧的收成都不好,英国的年景坏极了。然而,由于有美国的谷物,谷物价格差不多没有变动。年成坏而同时小麦价格又低,这种情况英国农场主还是第一次遇到。于是农场主开始着急了,地主感到惊恐了,第二年,收成好了些,价格跌得更厉害。谷物的价格,现在是由在美国的生产成本加上运费决定的。而且,随着更多的草原土地转为农田,这种情况将一年比一年加剧。而耕作所需要的农业大军,都是我们自己从欧洲输送去的移民。[1]

　　19世纪中叶,随着美国工业资本主义的迅速发展,农业资本主义也获得了很大的发展。早在19世纪初期,美国北部、西北部的农业还处于自给自足的自然经济阶段。随着美国东北地区工业革命的发展,对农产品的市场需求迅速增加,国内和国际农产品需求的增长极大地刺激了农业的发展,导致农产品价格不断上升,北部、西北部的自然经济逐渐向商品经济过渡。在世界农产品价格上涨的强烈刺激之下,美国西部的农场主开始从事商业化农业生产,他们专心为市场种植或养殖单一产品,诸如玉米、小麦、牛、羊、猪等等。而在拿破仑战争之后,由于欧洲的农业生产出现萧条,随之而来的是欧洲工业化地区城市人口的增加,对粮食的需求量也进一步增大。为了解决人们的温饱问题,欧洲不得不从美国大量进口粮食。美国西北地区利用密西西比河水路直达海运货船的优势,在国际贸易中获得巨额收入。为了满足国际市场对美国农产品需求的增长,美国人开垦大面积荒地,包括密西西比河东西两岸的草原地带,通过伐林造田,或平整许多年前印第安人已经开垦的土地,主要种植的农作物是小麦,也种植玉米、土豆、燕麦等其他作物。

---

① 《马克思恩格斯全集》中文第2版第25卷,人民出版社2001年版,第513页。

美国农业的发展还得益于农业生产新技术的广泛使用。先进技术极大地缩减了生产某种作物所需的人力,也减少了旧的耕作方法给地区沃土带来的损害。美国的发明者和制造商在改进农业工具和农业机械方面作出了突出贡献。19世纪40年代,谷物条播机、耙地机、收割机、耙草机已广泛使用,此后出现的自动收割机和打谷机(脱粒机)这两种新型机械成为谷物种植业革命的先驱,极大地提高了农业生产率。①

随着商品经济的发展,农民阶级逐渐走向分化。其中,少数富裕的农民通过把过去自己手中积累起来的财富转化为资本,并雇佣一定数量的工人为自己创造财富,这部分人逐渐转化为农业资本家;绝大多数贫苦农民由于受到残酷的剥削和压迫,而最终走向破产的境地,因此不得不受雇于人,这些人最终转化为农业工人。新兴的农业资本家经营着规模巨大、采用机器和先进技术进行生产的资本主义农场,使得农业产量大大提高,芝加哥在19世纪中叶已成为世界最大的谷仓。美国农业资本主义的这种发展形式,被列宁称为"美国式道路",以区别于"普鲁士式道路"。②

段落大意:美国在农业生产上发生的这种巨大变革,再加上美国人发明了新的运输工具,这样就使得美国运往欧洲的小麦价格非常便宜,以至于欧洲的任何一个农场主都没有办法和美国进行竞争,至少在欧洲的农场主还必须要缴纳地租的时候是无法实现的。下面让我们看看1879年当人们第一次意识到这个问题时的情况。在那一年,整个西欧的农业歉收,英国的农业生产状况就更差了。可是,由于美国把大量的谷物运往欧洲,这样欧洲的谷物价格基本上没有发生任何变化。英国的农业歉收,年景不好,但与此同时,英国小麦的价格不升反降,甚至降得很低,这种情况对于英国农场主们来说,还是第一次遇到。因此,英国的农场主开始着急

---

① 参见[美]艾伦·布林克利著:《美国史》(1492—1997)上册,邵旭东译,海南出版社2014年版,第303—304页。
② 参见刘祚昌、王觉非主编:《世界史·近代史编》下卷(第二版),高等教育出版社2001年版,第131页。

了,地主也开始恐慌了,到了第二年,虽然粮食的收成相比较去年有了明显的好转,但是粮食价格却大幅度地下跌,甚至比上一年更加严重。现在市场上出售的谷物的价格,取决于谷物在美国的生产成本再加上运输到销售地的运输成本。而且,随着更多的草原被开垦为农业用地,欧洲各国面临的这种情况将愈演愈烈。而在美国耕种土地所需要的农业大军,都是我们自己从欧洲输送过去的移民。

以前,农场主和地主总还能得到一种安慰:如果谷物无利可图,肉类会有利可图的。耕地变成了牧场,万事又如意了。但是,现在那条出路也被截断。美国肉类和美国家畜运来的数量在日益增加。不仅如此。至少还有两个大的出产家畜的地区,正在想方设法把它们现在白白放在那里的大量过剩的肉类运到欧洲,特别是运到英国。①

"两个大的出产家畜的地区"指的是南美洲和澳大利亚,这两个地区也饲养了大量的家畜,而且其肉类产品也被销往欧洲国家。

段落大意:在此之前,欧洲的农场主和地主总还能以另外一种方式得到安慰,那就是假如出售谷物无利可图的话,还可以通过出售肉类产品从中获取利润。只要把用于耕种粮食的土地变成了牧场,就万事大吉了。然而,现在那条出路也被堵死了。目前,美国输往欧洲的肉类产品和从美国运来的家畜数量都在与日俱增。不只这些,至少还有两个大的出产家畜的地区也正在千方百计地将他们那里过剩的肉类产品大量地运输到欧洲,特别是运送到英国来,以免放在那里白白浪费掉。

从科学的现状及其在应用上的突飞猛进来看,我们可以肯定,最迟也等不了几年,澳洲和南美的牛羊肉,就会保藏得很妥善地大量运过来。到

---

① 《马克思恩格斯全集》中文第2版第25卷,人民出版社2001年版,第513页。

那时,英国农场主的兴旺,英国地主那卷长长的收租账单,还会保得住吗?种植鹅莓、草莓这一类东西倒很不错,不过,市场上这一类东西供应得已经够多了。没有疑问,英国工人还可以多多地消费这种美食——但是,要先增加他们的工资。①

从19世纪70年代开始,随着电磁理论的广泛应用和电力工业的迅速发展,人类开始进入第二次技术革命时期。新技术在社会生产中被广泛应用与大力推广,极大地促进了社会生产力的发展,并实现了社会生产力的巨大飞跃,资本主义也因此获得迅猛地发展。新技术革命和社会生产力发展所带来的这一系列新变化,对欧美的主要资本主义国家产生了深刻的影响,导致这些国家由工业资本主义逐渐转变成金融资本主义;资本主义也开始从自由竞争的资本主义发展到垄断的资本主义。整个世界的社会结构、经济结构、传统和信仰、思想和文化都因为受到了第二次工业革命的震撼而发生巨变。

段落大意:随着科学技术的突飞猛进发展及其广泛应用,我们可以非常肯定地说,用不了几年的时间,经过妥善地储藏的澳洲和南美洲的牛羊肉会被大量地运到欧洲这里。到那个时候,英国的农场主还能保持农业的兴盛吗?他们还能保住手中那卷长长的收取地租的账单吗?似乎种植鹅莓、草莓这一类作物是一个不错的选择,但是,目前这类作物在市场上的供应已经足够多了。英国工人阶级毫无疑问还可以更多地消费这种美食——但是,前提是要先提高他们的工资。

几乎不用说,这种新的美国农业竞争的影响,欧洲大陆也感受到了。那些小自耕农大多深深陷于典押债务之中,他们不像英格兰和爱尔兰的农场主那样缴纳地租,而是支付利息和诉讼费。他们对美国这种竞争感

---

① 《马克思恩格斯全集》中文第2版第25卷,人民出版社2001年版,第513页。

受同样沉重。美国竞争的特殊作用就是,它不仅使大地产成为无用,而且也使小地产成为无用,因为它使两者都无利可图了。①

英国的农业之所以出现利润大幅度下降、许多农场主破产、大批农业工人失业的萧条状况,根本原因在于进口的粮食不断增加,给英国农业带来了巨大冲击。特别是19世纪60年代后,随着美国、加拿大、阿根廷、澳大利亚的粮食大量进入英国,由于这些国家的农业是粗放型、机械化的,生产成本较低,加上伴随19世纪70年代以后航海技术的发展,运输成本降低,运输时间缩短,为谷物的大量运输提供了有利条件,导致从国外进口到英国的小麦价格非常便宜。这给英国的粮食价格和农业的利润率造成了灾难性影响。以1873—1895年为例,英国小麦的价格下降了近一半,牲畜的价格下降了1/3左右,羊毛的价格下降了1/4。在廉价农产品的强烈冲击之下,英国农民和土地所有者的收入普遍减少,这样从事农业生产就变得无利可图,甚至出现严重亏损,许多农民纷纷破产,成千上万的农民不得不离开土地去城镇或到大洋彼岸寻找新的工作以维持生计,这又进一步地加剧了英国的农业危机。②

段落大意:无须讳言,这种新的来自美国农业的竞争造成的影响,欧洲大陆已经深切地感受到了。受此影响,那些小自耕农大都深陷于抵押的债务之中,要支付一定的利息和诉讼费,他们与英格兰和爱尔兰的农场主不一样,后者的压力比小自耕农要小一些,他们只需要缴纳一定数量的地租。因此,小自耕农们对于来自美国的竞争同样感受到了巨大的压力。美国竞争带来的特殊之处就在于,不仅造成欧洲的大地产毫无用处,而且让欧洲的小地产也毫无用处,因此来自美国的竞争使得无论是大地产还是小地产都变得无利可图了。

---

① 《马克思恩格斯全集》中文第2版第25卷,人民出版社2001年版,第513—514页。
② 参见钱乘旦主编:《英国通史》第5卷,江苏人民出版社2016年版,第91—92页。

也许有人会说,像目前美国西部所实行的这种耗尽地力的制度,是不可能永远继续下去的,事情一定还会好转。当然不可能永远如此。但是地力未耗尽的土地还多得很,足以使这一过程再继续一个世纪。此外,还有其他一些地区也表现出类似的优势。有整片的南俄大草原,商人实际上已经在那里买了土地,并做了同样的事情。有阿根廷共和国广大的草原,还有其他地方。所有这些土地,都同样适合于现代这种大农业与廉价生产的制度。因此,这种制度,在它衰亡以前,还将存在很长一个时期,至少足以把欧洲所有的大小地主毁灭两次以上。①

段落大意:也许有人会这样认为,像现在美国西部所采取的这种以耗尽地力为代价的制度,是不可能永远持续下去的,因此,情况一定还会有好转的那一天。当然不可能永远以耗尽地力为代价去实现发展。但是由于在美国,还有大量尚未耗尽地力的土地,这就足以支持这一制度再持续一个世纪之久。另外,还有其他一些地区也呈现出类似的土地广袤、肥沃的优势。例如,在拥有大面积广袤草原的俄罗斯南部,实际上商人们已经在那里大量购买土地,并开始做着和美国同样的事情。类似的还有拥有广阔草原的阿根廷共和国以及其他一些地方。在上述所有这些广袤的土地上,同样都适合采用这种大规模的现代大农业与廉价生产的制度。因此,在这种制度衰亡以前,它还将存在很长一段时间;而它的存在至少可以让欧洲所有的大小地主毁灭两次以上。

那么,所有这一切的结局将怎样呢? 结局将是而且一定是:我们只好实行土地国有,土地由合作社在全民监督下耕种。到了那时,而且也只有到了那时,土地耕作才会重新使耕作者和全国都获得利益,不管美国或任何别国的谷物和肉类价格怎样。如果那时地主们真要去美国的话(他们

---

①《马克思恩格斯全集》中文第2版第25卷,人民出版社2001年版,第514页。

似乎有这种意向），那我们就祝他们一路平安。①

段落大意：那么，所有这一切造成的最终结果将会是什么样的呢？最后的结局将是而且一定会是这样：我们只能将土地收上来，由国家所有；收上来的土地交给合作社，再由合作社在全体人民的监督之下进行土地的耕种。到那时，而且也只有到了那个时候，不管美国或者其他任何别国的谷物和肉类的价格如何，在英国，土地耕种者和国家才能在土地耕作中重新受益。如果到那个时候，地主们想要去美国生活的话（他们似乎一直有这样的想法和意愿），那么我们就会祝福他们一路平安。

弗·恩格斯写于1881年6月　　　　原文是英文
底

　　　　　　　　　　　　　　　　中文根据《马克思恩格斯全集》

作为社论载于1881年7月2日　　　1985年历史考证版第1部分
《劳动旗帜报》第9号　　　　　　第25卷翻译

第七篇社论
《反谷物法同盟的工资理论》

这篇文章是恩格斯于1881年7月写的，作为社论发表于1881年7月9日的《劳动旗帜报》第10号上。

在另一栏里，我们发表了约·诺布尔先生的一封来信，这封信是指责我们在6月18日《劳动旗帜报》社论中的一些论点的。当然，我们不能把我们的社论栏变成争论历史事实或经济理论问题的场所，但是，我们还是

---

① 《马克思恩格斯全集》中文第2版第25卷，人民出版社2001年版，第514页。

愿意破例对这位先生作一次答复,因为他虽然在官方政党里担任职务,但显然还是真诚的。①

约翰·诺布尔(Noble John)(1827—1892),英国政治活动家,他主张实行自由贸易,是反谷物法同盟(Anti-Corn Law League)的拥护者,写过许多关于财政问题的著作。恩格斯撰写的《对法国的通商条约》一文作为社论发表在1881年6月18日的《劳动旗帜报》上之后,约翰·诺布尔给《劳动旗帜报》的编辑乔治·希普顿写信,表示自己不同意恩格斯文章中的某些观点。希普顿将此事转告给了恩格斯,并于1881年6月29日将诺布尔的信复制了一份寄给了恩格斯。恩格斯看了诺布尔的信以后,认为有必要进一步对自由贸易运动进行分析,于是在1881年7月初撰写了这篇文章。1881年7月9日,连同诺布尔写的信和恩格斯撰写的这篇以《反谷物法同盟的工资理论》为标题的文章同时刊发在《劳动旗帜报》第10号上。

段落大意:在《劳动旗帜报》的另一个专栏里,约翰·诺布尔先生的一封来信被发表了,在这封信中,诺布尔先生指责了我们发表在6月18日《劳动旗帜报》上的社论——《对法国的通商条约》中的一些观点。虽然我们不能够让《劳动旗帜报》的社论专栏成为一个争论历史事实或经济理论问题的场所,但是我们还是愿意破例就这位约翰·诺布尔先生的指责进行一次回复,虽然他在官方政党里担任一定职务,但是他的观点显然还是真诚的。

我们说,废除谷物法的目的是为了"减低面包价格,从而减低工资金额"。诺布尔先生反驳说,这是反谷物法同盟,不懈地与之斗争的"保护关税论者的谬论",并从理查·科布顿的演说和同盟总会的一篇宣言中援引了一些话作证明。②

---

① 《马克思恩格斯全集》中文第2版第25卷,人民出版社2001年版,第515页。
② 同上。

　　《谷物法》(Corn Laws)是一个古老的法律,在中世纪时就已经存在,是英国管理谷物(尤其是小麦)进出口的立法。自 1360 年开始,英国定期制订以鼓励出口为主的管理谷物进出口的法律。在重商主义盛极一时之际,英国于 1563 年颁布相关法令规定出口谷物必须用本国的船只进行运输。

　　在拿破仑发动战争的时候,因为拿破仑对欧洲大陆采取了封锁的政策,这就造成欧洲大陆上数量庞大的、价格低廉的粮食无法运送到英国,因此导致英国出现粮食短缺,而且谷物的价格直线上升,小麦的价格 1800 年达到每夸特 114 先令,1801 年达到每夸特 120 先令,1812 年高达每夸特 155 先令。①面对经营农业有利可图的状况,一些土地所有者趁机大量开垦贫瘠的土地,而且为了赚取巨额的利润还不惜大量投入资金进行粮食生产。但是在战争接近尾声之际,随着外国粮食重新大量涌入,粮食价格骤然下跌,这不仅造成投入到贫瘠土地上的投资无法收回,而且连一般的农业利润也难以维持,致使土地所有者的利益受到极大的影响。

　　在如此萧条的状况下,1815 年,代表土地贵族利益的托利党却只考虑本阶级的利益,利用议会通过了《谷物法》,对进口谷物严加限制。英国过去制定的《谷物法》都是为了鼓励出口,这一次却是为了限制进口。该法令规定,在小麦价格没有达到每夸特 80 先令时,不准许从外国进口粮食;当裸麦豆类的价格在每夸特 53 先令以下、大麦的价格低于每夸特 40 先令和燕麦的价格低于每夸特 27 先令时,政府禁止从外国进口相应品种的产品。②这一法令规定了英国国内市场谷物价格的限制进口线和大幅度提高进口税率以禁止粮食进口。这一法令的通过人为地抬高了粮食价格,保护了地主阶级的利益,使其能够获得超额利润,但却损害了社会上其他各个阶层的利益。对工业资产阶级来说,《谷物法》限制了贸易自由,

---

① 参见王觉非主编:《近代英国史》,南京大学出版社 1997 年版,第 399 页。
② 同上,第 400 页。

人为地维持食品的高价格,造成了生活用品和原材料价格的上涨,支付给工人的工资增加,从而造成利润下降。物价的上涨让生活本来就艰辛的工人阶级生活变得更为窘迫。因此,《谷物法》遭到除了地主阶级之外的其他社会阶层的强烈反对和痛恨。

由于《谷物法》人为地抬高粮价的政策是建立在谷物匮乏的基础之上的,英国的粮食始终是短缺的,因此这一法令被称为"阶级的立法",在1815年以后《谷物法》成为重大的政治问题。在《谷物法》的刺激之下,工业资产阶级掀起议会改革运动。①由于工业资产阶级的反对,1822年,英国政府将小麦进口的价格降为每夸特70先令。1827年实行调节制,1828年实行新调节制,威灵顿曾迫于党内压力修改了《谷物法》,按国内小麦价格的高低来制定浮动进口税,旨在把小麦价格保持在每夸特60先令左右。

1828年,《谷物法》经过修改后,比原来温和了许多,但工业资产阶级对此并不满意,他们强烈反对《谷物法》的存在,要求废除《谷物法》,实行完全的经济自由主义。在他们看来,由于当时英国已经完成了工业革命,根本不需要保护。《谷物法》维持了高粮价,但却让英国的工业品无法与欧洲大陆的工业品进行竞争,因此当战争结束之后,他们不得不关闭工厂,自己的利益受到极大地损害。要解决这一问题,必须废除《谷物法》,才能让英国工业资产阶级的生产成本下降,使其有能力与欧洲进行竞争。他们还提出,英国还必须进行自由贸易,向美洲和欧洲开放市场,并且允许来自欧洲大陆和美洲的小麦在英国的市场上出售,否则这些地方就不会购买英国的商品,而是通过实行关税保护政策发展自己的制造业。②

为了让政府取消《谷物法》,英国工业资产阶级在1832年的议会改革之后,掀起了轰轰烈烈的政治运动。1836年,伦敦的一批激进派议员成

---

① 参见钱乘旦、许洁明著:《英国通史》,上海社会科学院出版社2017年版,第252—253页。
② 参见钱乘旦主编:《英国通史》第五卷,江苏人民出版社2016年版,第15页。

立了"全国反谷物法协会",但未取得任何成果。1839年3月,来自曼彻斯特的以理查德·科布登和约翰·布莱特为代表的一批工业资产家接过反《谷物法》的大旗,成立了"反谷物法同盟",开展废除《谷物法》的斗争。

1841年,罗伯特·皮尔上台后,开始调整重商主义政策,转向自由贸易。皮尔政府进行了大刀阔斧的关税改革,通过改革调节制,欲将小麦的价格保持在每夸特56先令上下;还恢复了1828年的浮动汇率,用新的计算方法来防止谷物商抬高粮价以牟取暴利,但对进口谷物仍收取较高的进口税。1845年,爱尔兰爆发了大饥荒,成百万人因饥饿而死,更多的人流落他乡。而放开粮价,让外国粮食自由进入英国是解救灾荒的唯一办法。此时,面对《谷物法》——重商主义经济政策的这个最后堡垒,皮尔政府下决心废除该法。1846年5月,皮尔政府废除了《谷物法》,规定当国内小麦的价格在48先令以下时,征收10先令的进口税,国内谷物价格越高则进口税越低。1846年6月,在辉格党和反谷物法同盟的支持下,废除《谷物法》议案在下院成功通过,其后上院也以多数票通过该议案。至此,这个"阶级的立法"寿终正寝了。这一法令的取消,沉重地打击了土地贵族,促进了英国资本主义工商业的迅速发展。1849年2月,英国政府规定不论国内小麦是什么价格,一律只征收1先令的进口税。1869年1月,1先令的进口税也被取消了。[1] 废除《谷物法》标志着英国经济政策的重大转变,即全面放弃了保护关税政策和经济自由主义时代的到来。有历史学家说:"1846年《谷物法》的废除,就其政治和经济影响而言,比19世纪英国的其他任何重大事件,在许多方面都要深远得多。"[2] 马克思一针见血地指出:"英国《谷物法》的废除是自由贸易在19世纪取得的最伟大的胜利。"[3]

---

① 参见王觉非主编:《欧洲历史大辞典》上册,上海辞书出版社2007年版,第726页。

② Anthony Howe, *Free Trade and Liberal England, 1846—1946*, Oxford University Press, 1997, p.1,转引自钱乘旦主编:《英国通史》第五卷,江苏人民出版社2016年版,第18页。

③《马克思恩格斯文集》第1卷,人民出版社2009年版,第744页。

反谷物法同盟是英国工业资产阶级反对限制谷物进口、取消《谷物法》、主张自由贸易的组织。早在1836年底,一批激进派议员在伦敦成立了"全国反谷物法协会",其中参加者包括自由主义和激进派议员乔治·格罗特、休谟等人。该协会的机关报是《太阳报》,它在全英范围内得到一批资产阶级激进派的支持,但是他们的斗争没有取得实质性的效果。1838年10月,理查德·科布登和约翰·布莱特在曼彻斯特发起成立了"反《谷物法》协会"。1839年1月在曼彻斯特召开了一次大会,来自36个城市50万名反《谷物法》代表出席了大会,同年3月正式成立了反谷物法同盟。反谷物法同盟创建后即成为工业资产阶级反《谷物法》运动的核心力量。科布登和布莱特是亚当·斯密的忠实信徒,坚信自由贸易。在科布登和布莱特的积极领导之下,反《谷物法》运动发展成为一场广泛的群众运动,主要参与者不但有工厂主,还有大批的工人。

反谷物法同盟建立起完备的组织体系,它在英国国内主要城市设立分会,每一个分会都积极地开展各种活动,同时,反谷物法同盟还建立起了完整的组织机构。反谷物法同盟设立了执行委员会,总部设在曼彻斯特。它把以合法手段建立地方组织、发表演说、印发传单、进行议会请愿以废除《谷物法》作为自己的任务。反谷物法同盟把反对《谷物法》作为自己斗争的唯一目标,避而不谈其他政治问题,也不提其他要求。实际上,反谷物法同盟是英国历史上第一个试图利用群众斗争的方式向统治阶级施加压力,以实现他们所希望达成的单纯的经济利益目标的组织。从1839年起,反谷物法同盟以城市为重点展开了反《谷物法》的宣传工作,依靠宣传工作争取民心。反谷物法同盟通过开展群众斗争向政府施加压力,通常会采用这些方式,例如,印刷出版书刊或者小册子、发放宣传单、召集群众举行会议、发表宣传演说,还会组织议会竞选活动,把支持自由贸易的人选进议会。由于拥有雄厚的资金,反谷物法同盟雇用了800多名宣传员,在英国全国各地展开轰轰烈烈的反对《谷物法》运动。反谷物法同盟开展的活动收到了良好的宣传效果,甚至大批的工人都被其开展的活动所吸引,积极参与到活动中来。

反谷物法同盟还开展了巧妙的宣传工作,对于工人,它重点强调由于《谷物法》限制了粮食的进口,因此抬高了面包的价格,造成了工人实际收入的下降;对于佃农,它重点强调《谷物法》造成粮食价格上涨,地主利用收取高额地租拿走了全部超额利润,而农民没有得到任何好处;对于工业资产阶级,它把宣传的重点放在由于《谷物法》的存在,英国的工业发展受到了限制;对于其他的国家来说,本来它们要想获得英国的工业品,只能用粮食来进行交换,但是由于《谷物法》的存在,限制了这种交换,进而也就限制了英国工业品的出口。总之,反谷物法同盟为了发动群众斗争,争取到更多群众的支持,它针对不同的社会成员,从他们各自的切身利益出发,从不同侧面、不同角度对《谷物法》进行抨击,强调只有废除《谷物法》,进行自由贸易,才能改变英国目前面临的这种不利局面。事实上,反谷物法同盟鼓吹的是自由资本主义经济理论,而这一理论维护的是工业资产阶级的利益。

反谷物法同盟最令人惊叹的政治行动是制造选民。它通过筹集大笔资金,将其归到本来不具备选民资格的人名下,把他们制造成"选民",让这些选民选出支持同盟纲领的议员,从而夺取某些选区的选民多数,选出事先商定的候选人。在1841年的议员选举中,反谷物法同盟的成员科布登和鲍林当选为议员,这样反《谷物法》运动在议会内有了领导人。同盟的活动最终影响了许多当权者,让他们也接受了自由贸易学说,这其中包括后来成为英国首相的罗伯特·皮尔。皮尔从1841年开始担任英国首相,在他的领导之下,英国保守党开始转向自由贸易。[①]

反谷物法同盟在活动中游离于辉格党和托利党之外,努力争取工人

---

① 参见钱乘旦主编:《英国通史》第五卷,江苏人民出版社2016年版,第17页。

群众对它的支持。反谷物法同盟曾广泛使用自由贸易的口号来进行所谓工人和工业家利益一致的蛊惑性的宣传；为了取得工人阶级的支持，甚至提出"廉价的粮食，高额的工资"的欺骗性口号。事实上，反谷物法同盟要求贸易完全自由，废除《谷物法》，其目的是为了降低工人的工资，削弱土地贵族的经济和政治地位。当时，工人阶级的宪章运动正在兴起，宪章派并不相信自由贸易派的诺言，但反谷物法同盟在这一时期把主要斗争矛头指向代表土地贵族利益的托利党，因此客观上有利于工业资产阶级反《谷物法》的斗争。但工人阶级认为反《谷物法》运动是一个资产阶级的运动，左翼工人的组织对这一运动始终持抵制的态度。[1]

反谷物法同盟造成巨大的政治压力，1846年皮尔政府宣布废除《谷物法》，反谷物法同盟随即解散（同盟的某些分支一直存在到1849年）。《谷物法》的废除，是19世纪英国自由贸易派所取得的重大胜利。它确定了工业资产阶级对土地贵族的优势并促进了英国工业的迅速发展。

理查德·科布登（Richard Cobdon），也译为理查·科布顿，1804年生于萨塞克斯郡邓福德，1865年去世。他是英国激进派政治活动家，经济学家，反谷物法同盟的创始人之一和自由贸易的倡导者，曾担任过英国贸易部部长。他的父亲是一位农场主。他本人则是一位曼彻斯特的工厂主，1831年在曼彻斯特经营一家印花布厂。他曾于1833—1839年到法国、德意志、瑞士和美国以及中东等国家和地区去旅行。在此期间，他撰写了一些文章倡导推行自由贸易政策，要求英国政府通过人员和物资的交流推进国际贸易，还写了《英格兰、爱尔兰和美国》和《俄国》两本有影响力的小册子。1839年起，他与布莱特共同领导了反谷物法同盟的斗争。他1841年开始担任下院议员，在他的推动下，1846年《谷物法》被废除。1857年，他因为反对克里米亚战争而失去了议席。1859年，他又重返议会，但是

---

[1] 参见钱乘旦、许洁明著：《英国通史》，上海社会科学院出版社2017年版，第253—254页。

拒绝在政府中担任任何官职。在英国取得了世界工业、贸易垄断地位的条件下,科布登标榜和平主义,主张裁减军备和国际仲裁,并批评帕麦斯顿的对外政策。在1848—1853年间,他曾参加了在布鲁塞尔、巴黎、法兰克福、伦敦、曼彻斯特等召开的一系列和平代表大会。1860年,他代表英国政府与法国进行商业条约的谈判,与法国签订了《科布登—舍瓦利耶条约》(Cobden—Chevalier Treaty),有效期10年,这是第一个双边自由贸易协定。该条约的签订最终让英法之间关系极度紧张的时期宣告结束。[1]

段落大意:我们认为,废除《谷物法》的目的是为了降低面包的价格,从而降低工人的工资。诺布尔先生反驳了我们的观点,他认为这是反谷物法同盟坚决反对并坚持不懈地与之斗争的"保护关税论者的谬论",为此,诺布尔先生还特意从理查·科布顿的演说和反谷物法同盟总会的一篇宣言中引用了一些话作为论据来证明自己的观点。

社论的作者那时住在曼彻斯特,是一位厂主,他的周围也都是厂主。他当然十分清楚地知道同盟的正式理论的内容。把它化为最简短和最为一般所公认的表述(因为各种各样的说法很多),就是这样:取消谷物的关税将增加英国同外国的贸易,将直接增加英国的输入,作为交换,外国主顾将购买英国的工业品,从而增加对英国工业品的需求;那么,在英国,对工业劳动人口的劳动的需求也将增加,因此工资也一定会提高。[2]

1842年11月至1844年8月间,恩格斯从德国巴门来到英国曼彻斯特并在维多利亚工厂的办事处工作。恩格斯的父亲是这家工厂的合伙人。这个工厂坐落在曼彻斯特市的边缘,在19世纪20年代,这个工厂属于一个出生于荷兰的名为彼得·艾伯特·欧门的人所有,主要生产棉纱线、缝纫线和刺绣用线。1837年,恩格斯的父亲成为该工厂的股东后,将工厂更

---

① 参见钱乘旦主编:《英国通史》第五卷,江苏人民出版社2016年版,第18页。
②《马克思恩格斯全集》中文第2版第25卷,人民出版社2001年版,第515—516页。

名为欧门—恩格斯棉纺厂。恩格斯来到曼彻斯特后一直在该工厂工作。恩格斯对经商毫无兴趣。唯一使他感兴趣的是"走进英国生活的深处"，了解当时这个资本主义最发达的国家的真情实况，认识现状，展望未来。在英国生活的这段时间，是恩格斯革命历程的转折点。正是在这里，他实现了从唯心主义到唯物主义、从革命民主主义到共产主义的转变，成长为共产主义战士。

作为英国第二大工业城市，曼彻斯特是英国工业及其所造成的严重恶果的典型，也是"最坚强的工会的所在地，是宪章运动的中心，是社会主义者最多的地方"[①]，这为恩格斯观察和分析英国社会上的各个阶级和各个阶层的生活创造了便利条件。恩格斯在曼彻斯特工作的那段时间里，除了到办事处上班外，正如他自己所言："我曾经在你们当中生活过一个相当长的时期，对你们的状况有足够的了解。我非常认真地研究过你们的状况，研究过我所能弄到的各种官方的和非官方的文件，但是我并不以此为满足。我寻求的并不仅仅是和这个题目有关的抽象的知识，我愿意在你们的住宅中看到你们，观察你们的日常生活，同你们谈谈你们的状况和你们的疾苦，亲眼看看你们为反抗你们的压迫者的社会的和政治的统治而进行的斗争。我是这样做了。我抛弃了社交活动和宴会，抛弃了资产阶级的葡萄牙红葡萄酒和香槟酒，把自己的空闲时间几乎都用来和普通的工人交往。"[②]经过21个月的深入调查，恩格斯一方面有机会"从亲身的观察和亲身的交往中直接研究了英国的无产阶级，研究了他们的要求、他们的痛苦和快乐，同时又以必要的可靠的材料补充了自己的观察"；另一方面，还有"很多的机会来观察你们的敌人——资产阶级"[③]，并据此写成了《英国工人阶级状况》一书。

---

① 《马克思恩格斯全集》中文第1版第2卷，人民出版社1957年版，第529页。
② 同上，第273页。
③ 同上，第278页。

段落大意：本社论的作者那时候住在曼彻斯特，他本人是一位工厂主，他周围接触的也都是工厂主。所以他当然十分清楚地知道反谷物同盟的理论的正式内容。因为对反谷物同盟理论有各种各样的说法，如果将它概括为最简短和最能被大众所接受的表述，那就表述为：取消了谷物的关税将增加英国同外国的贸易，输入英国的产品数量将增加；由于产品交换的需要，外国的顾客也将增加对英国工业品的购买，进而导致对英国工业品需求的增长；那么，这将会直接导致对英国工业劳动人口的劳动的需求的增加，因此，必然导致工人工资的增加。

由于日复一日、年复一年地重复这种理论，这个同盟的正式代表们，别看他们是些浅薄的经济学家，最后竟得出了一个惊人的论断：工资的涨落不是和利润成反比，而是和食物的价格成反比；面包贵工资就低，面包贱工资就高。这样，在谷物关税取消以前和以后都存在的十年一次的营业盛衰，就被该同盟的代言人宣布为纯粹是谷物法的影响，只要这些可恨的法律一取消，它就必然消失。他们宣称，谷物法是英国厂主和那些渴望他们产品，因缺乏英国布匹而衣不蔽体、冻得发抖的可怜的外国人之间的惟一巨大障碍。①

段落大意：由于经年累月不断地重复反谷物法同盟的理论，导致反谷物法同盟的正式代表们——充其量只是一些肤浅的经济学家，最后竟然得出了一个令人吃惊的结论：工人工资的增加或降低，不是和企业的利润成反比，而是和食物的价格成反比；也就是说，如果面包的价格高了，那么工人的工资就降低，反之，如果面包的价格便宜了，那么工人的工资就提高了。这样，在取消谷物关税以前和取消谷物关税以后每隔十年就会爆发一次的经济危机，竟然被反谷物法同盟的代言人认为纯粹是因为受谷

①《马克思恩格斯全集》中文第2版第25卷，人民出版社2001年版，第516页。

物法的影响而造成的,因此,在他们看来,只要取消这些可恨的法律,那么每隔十年一次的经济危机就必然会消失得无影无踪。他们还公开宣称,《谷物法》是存在于英国工厂主和那些渴望得到英国的产品、因为无法获得英国的布匹而衣不蔽体、冻得瑟瑟发抖的可怜的外国人之间的唯一巨大障碍。

所以,科布顿在诺布尔先生所援引的那段话里真的提出,1839年到1842年的营业萧条和工资下降,乃是那几年谷价太高的结果。其实那不过是至今极有规则地每十年重复一次的正常的营业萧条阶段之一,那一次肯定是由于歉收、由于贪婪的地主用立法手段进行愚蠢的干预而拖长和加剧了。①

段落大意:所以,在诺布尔先生所引用的那段话里,科布顿先生确实提出了重要的观点,他认为发生在1839—1842年的营业萧条和工资下降,就是因为那几年谷物的价格太贵导致的结果。事实上,发生那次营业萧条和工资下降的真正原因只不过是迄今为止周期性、有规律地每十年重复一次的正常的经济危机阶段之一,当然,那次危机肯定是因为当年的农业歉收、因为贪婪的地主为了获取利益通过立法的手段进行愚蠢的干预最终导致经济危机延长和加剧了。

科布顿所提出的就是他的正式埋论。他尽管具有十足的鼓动家的才智,但却是一个不高明的实业家和浅薄的经济学家;他当时无疑是笃信他的理论的,就像诺布尔先生直到今天还相信它一样。但是,同盟的大部分人都是务实的实业家,他们比科布顿更加关心做生意,并且一般说来也比他做得更成功。对这些人来说,情况就完全不同了。当然,在外人面前以

---

① 《马克思恩格斯全集》中文第2版第25卷,人民出版社2001年版,第515—516页。

及在公开集会中,特别是在他们的"人手们"面前,这种正式理论一般是被当作"一回事"的。但是实业家在一心想做生意时,通常不对顾客说真话,如果诺布尔先生抱有不同的看法,那他最好远离曼彻斯特交易所。[①]

段落大意: 科布顿发表的观点就是他的正式理论。科布顿尽管在开展鼓动宣传工作方面非常有聪明才智,可以说是一个优秀的鼓动家;但是他却不是一个聪明的实业家,只是一个浅薄的经济学家;当时,他对自己的理论深信不疑,就像诺布尔先生一样,直到今天还认为科布顿的理论是正确的、不容置疑的。但是,反谷物法同盟的大部分人都是非常务实的实业家,他们不像科布顿那样只关心理论,他们更加关心的是如何做生意,而且总的来说,他们在做生意方面都比科布顿做得要成功得多。对于这些人来说,他们对科布顿理论的态度与科布顿本人对自己理论的态度相比,是完全不同的。当然,在其他人面前以及在公开集会的场合,特别是在他们雇佣的工人阶级面前,他们一般会认真对待这种正式理论并且把它当"一回事"。但是,当实业家们只是一心一意想做好生意时,他们通常不会对顾客说实话,如果诺布尔先生对此持有不同的看法,那么他最好离曼彻斯特的交易所远一点。

只要稍微追问一下,工资因谷物自由贸易而必然提高究竟是什么意思,就可以得到这样的解释,即这种提高是指表现为消费品的工资的提高,很可能工资金额并不会提高——然而这实际上不是提高了工资吗?当你进一步追究一下这个问题时,得到的解释往往是,工资金额甚至可能下降,而这个减少了的金额却还能使工人生活得比未减少时更舒适。如果你对于通过什么才能达到所期望的贸易大发展再提出几个更进一步的问题,你马上会被告知,他们主要就是指望碰上最后这样一种好运气:工

---

① 《马克思恩格斯全集》中文第2版第25卷,人民出版社2001年版,第516页。

资金额减少,同时面包等等的价格下降,而后者的下降又足以抵偿前者的减少且有余裕。还有许多人甚至毫不掩饰他们的看法:要求廉价的面包,干脆就是为了降低工资金额,从而给外国竞争以迎头痛击。[①]

段落大意:只要进一步地探讨一下,由于谷物的自由贸易而导致工资必然增加的真正意思是什么,其实可以得到这样的答案,即这里所说的工资增加是指表现为用于购买消费品的工资提高了,非常有可能的是工资额并没有提高——然而这实际上工资不是提高了吗?当进一步深入地探讨一下这个问题时,你所得到的答案往往是,工资额甚至可能会降低,而且即使降低了工人的工资,但是同工人的工资没有降低的时候相比,工人却生活得更加舒适了。如果你想更进一步地再提出几个问题——关于通过什么方式才能够让贸易实现所预期的大发展,马上就会有人告诉你,他们主要就是希望能够遇到最后这样一种好运气:那就是工人的工资额降低了,与此同时,面包等商品的价格也降低了,而面包等商品的价格的降低又能够抵消工资的降低,并且还会有剩余。还有许多人甚至完全不掩饰他们的观点:他们希望面包的价格变得低廉,说到底就是为了降低工人的工资额,从而在与外国人竞争的过程中能够给予他们以沉重的打击。

这实际上就是占同盟多数的大部分厂主和商人的目的和宗旨,任何惯于同商人打交道,因而也惯于不总是把他们的话当作真话的人,都不难看出这一点。这是我们过去讲过的,现在再把它重复一遍。关于同盟的正式理论,我们过去只字未提过。从经济学来看,那是一种"谬论",从实践来看那不过是用以掩盖自私目的的外衣,虽然同盟的某些领袖可能由于老是重复这种理论而最后自己也相信了。[②]

---

①《马克思恩格斯全集》中文第2版第25卷,人民出版社2001年版,第516—517页。
②同上,第517页。

段落大意:事实上,这就是在反谷物法同盟中占多数比例的工厂主和商人的最真实的目的和宗旨,任何已经习惯于同商人打交道的,因此也习惯于总是不把商人所说的话当作真话来听的人,都会很容易地看清楚这一点。这个问题是我们过去曾经讲过的,只不过现在再把它重复一遍而已。关于反谷物法同盟的正式理论,过去我们从未提过只言片语。站在经济学的角度来看,反谷物法同盟的理论就是一种错误的理论;从实践层面来看,虽然反谷物法同盟的某些领袖可能是由于总是重复这种理论,导致最后连自己也相信这种理论是正确的了,但是所有这一切都无法改变反谷物法同盟的理论只不过是用来掩盖反谷物法同盟自身的自私自利的外衣这一事实。

很有趣的是,诺布尔先生援引了科布顿的话,说工人阶级因看到谷物每夸特25先令的前景而"满意地拍手叫好"。工人阶级那时并不轻视廉价的面包;但是,他们对于科布顿及其同伙的所作所为是太"满意"了,以致在以前的几年中,他们使同盟在整个北方连一次真正公开的大会都没能举行。[①]

《谷物法》保护了地主阶级的利益,但却损害了工商业资产阶级和工人阶级的利益,对他们来说都只是有害而无益的。因此,资产阶级强烈要求贸易完全自由,废除《谷物法》,以促进英国资本主义更迅速地发展。在斗争中,反谷物法同盟的领导人企图利用工人阶级的力量,要求工人们支持他们反对《谷物法》。但是工人阶级对于在1832年的议会改革中被资产阶级出卖这一历史依然记忆犹新,因此,对于废除《谷物法》充满疑虑,主要体现在两个方面:一方面,工人们怀疑资产阶级的目的是想降低工资。因为根据正统的政治经济学,谷物的价格降低,就意味着工人的工资

---

① 《马克思恩格斯全集》中文第2版第25卷,人民出版社2001年版,第517页。

额随之降低和资本家获取的利润的增加,因此,取消《谷物法》只是满足了资本家的一己私利。另一方面,工人们怀疑资产阶级进行反《谷物法》斗争的目的是为了转移斗争的大方向,将工人阶级的注意力从选举权这个根本性的问题上转移到一些细枝末节的问题上去,从而让工人阶级忘记开展争取政治权利的斗争。

面对反谷物法同盟试图争夺工人的努力,宪章派与反谷物法同盟展开了激烈斗争。当时谢菲尔德工人协会的书记曾经明确指出:"假如你们先废除了《谷物法》,而我们还没有得到选举权,你们就会调动一切力量来支持你们这个小宗派,把我们脖子上的螺丝钉拧得更紧,再把我们锁在岩石上,永远地挨饿!我们可以肯定这就是你们——鼓吹反对《谷物法》的人对我们——工人阶级的所谓'同情'。我们不会忘记我们在1832年曾让这个阶级获得选择权。"而工人阶级在参与了这场运动并在其中发挥了举足轻重的作用后却一无所获。因此,针对反谷物法同盟一度曾企图争取工人阶级,甚至将宪章运动拉到它自己的轨道上来的图谋,工人领袖予以了坚决地抵制,他们反对与反谷物法同盟进行合作,号召工人们不要上当,最终成功地维护了工人运动的发展方向。英国宪章派创办的主要报纸——《北极星报》一针见血地指出:"取消(谷物)法在任何情况下都不会对全体人民有好处。"面对反谷物法同盟总是"竭力要你们把自己的原则放到权宜之计的祭坛上去牺牲,引诱人民去参加由贪婪无比的钱贩子、大资本家和富有工厂主组成的党"这种情况,《宪章报》则旗帜鲜明地表明自己的立场:"让他们自己去战斗吧,我们不支持。在争取自治这个高尚原则的斗争中,他们从不和我们联合,也不支持我们的战斗,现在就让我们自己奋斗,认准目标,我们一定能够得到它。"[①]

---

① 转引自钱乘旦著:《工业革命与英国工人阶级》,南京出版社1992年版,第229—230页。

段落大意：非常有意思的是，诺布尔先生引用了科布顿的观点，认为工人阶级因为看到谷物的价格为每夸特25先令的前景时而拍手称快。在那个时候，工人阶级还是比较看重面包的廉价；但是，工人们对于科布顿及他的同盟者们的所作所为实在是太"满意"了，以至于在这之前的几年里，在整个北方地区，工人们从来没有让反谷物法同盟召开过一次真正公开的大会。

在1843年，作者曾经"满意地"参加过同盟最后一次企图在索尔福德市政厅召开的这样的大会，并看到只是由于提出了一项支持人民宪章的修正案会议就差一点开不下去。从此以后，同盟的一切会议都规定要"凭票入场"，而这个票决不是每人都能得到的。自那时起，"宪章派的捣乱"停止了。工人群众达到了自己的目的：证明同盟并不像它所声称的那样是代表工人的。[1]

《人民宪章》(People's Charter)是19世纪英国宪章运动中提出的纲领性文件。《人民宪章》主要是由威廉·洛维特起草的，在1838年5月8日正式发表。《人民宪章》包括六项要求：一是凡是年满21岁的男子都有选举权；二是秘密投票选举；三是废除议会议员候选人的财产资格的限制；四是议会每年改选一次；五是支付给议员薪金；六是各选区一律平等，按选民人数产生代表。《人民宪章》一经通过立即获得了工人和广大小资产阶级群众的拥护和支持。[2]

段落大意：作者曾经于1843年在索尔福德市政厅"满意地"参加过一次反谷物法同盟的大会，这是反谷物法同盟最后一次试图在索尔福德市政厅召开这样的大会。在这次会议上，我看到仅仅只是因为提出了一项支持人民宪章的修正案，会议差一点就无法继续开下去。从那以后，反谷

---

[1]《马克思恩格斯全集》中文第2版第25卷，人民出版社2001年版，第517页。

[2] 参见孔经纬等编：《〈马克思恩格斯选集〉历史词典》，商务印书馆1992年版，第288—289页。

物法同盟规定,凡是它召开的一切会议都要"凭票入场",但是这个入场的票不是每个人都能拿到的。从那个时候开始,反谷物法同盟召开的会议上再也没出现过所谓"宪章派的捣乱"。但是工人阶级通过参加反谷物法同盟召集的会议实现了自己的目的:那就是用事实证明反谷物法同盟绝不像他们自己所标榜的那样是代表工人阶级的利益的。

最后,再简单谈一谈同盟的工资理论。商品的平均价格与商品的生产成本相等,供求的作用在于使它回到这个标准上来,它就是围绕着这个标准摆动的。如果一切商品都是这样,那么劳动(或者更严格地说,劳动力)这种商品也是这样。因此工资额是由工人日常必须消费的那些商品的价格决定的。换句话说,如果其他一切情况保持不变,工资是随着生活必需品的价格而涨落的。这是政治经济学的一个规律,所有的佩罗内特–汤普森、科布顿和布莱特之流,都永远反对不了这个规律。①

佩罗内特–汤普森即托马斯·汤普森·佩罗内特(Thomas Perronet Thompson),也译为汤普逊·托马斯·培伦涅特,生于1783年,是英国资产阶级政治活动家,庸俗经济学家,主张自由贸易,1869年去世。

约翰·布莱特(John Bright),英国自由党人,自由贸易倡导者,资产阶级政治活动家。1811年生于兰开夏郡罗奇代尔,他16岁时进入他父亲开办的棉纺厂工作,不久便同他父亲共同经营企业。在1831—1832年间,他参加了当地组织的反对教会征收捐税和要求议会进行改革的运动。1839年,他同科布登一起建立并领导了反谷物法同盟,鼓吹自由贸易,主张废除谷物法;并从自由贸易学说出发,反对工厂立法。1843年,布莱特开始担任下院议员,他坚决反对地主贵族在议会中拥有特权。1846年谷物法被取消之后,他继续为争取缩减国家开支、进行税制改革而斗争。在

---

① 《马克思恩格斯全集》中文第2版第25卷,人民出版社2001年版,第518页。

议会中,针对工人提出的通过立法的方式对延长工作日的做法加以限制的要求,他予以坚决的反对。19世纪60年代,布莱特致力于扩大选举权运动,推动了1867年的议会改革。1868—1873年间,他在自由党格莱斯顿内阁中担任贸易大臣一职;1868—1870年间,担任自由党内阁贸易委员会主席;1873—1874年和1880—1882年,任兰开斯特公爵领大臣。尽管他反对爱尔兰自治,也是反动的资产阶级世界主义的鼓吹者之一;但他仍帮助提出了《爱尔兰土地法案》。①布莱特于1889年去世。

段落大意:最后,再简单地谈一谈反谷物法同盟的工资理论。商品的平均价格等于商品的生产成本,供给与需求的相互作用就是要让商品的平均价格回到与商品的生产成本相等这个标准上来,商品的价格就是围绕着这个标准上下波动的。如果所有商品的平均价格都是等于商品的生产成本的,那么劳动(更准确地说是劳动力)这种商品也应该是这样的。所以,工人的工资额是由工人日常所必须消费的所有的商品的价格决定的。换言之,如果其他所有的情况都没有变化的话,那么工资就应该随着生活必需品价格的上涨或降低而上涨或降低。这是政治经济学的一个基本规律,无论是佩罗内特—汤普森,还是科布顿和布莱特等人,他们谁也永远无法反对这个基本的经济规律。

然而其他一切情况并不是始终不变的,所以这个规律的作用,实际上因其他经济规律同时发生作用而有所减弱,显得模糊不清,有时甚至要花费一些力气才能察觉其踪迹。②

段落大意:但是我们知道,其他一切情况并不是一成不变的。因此,事实上,这个规律所发挥的作用,会因为其他经济规律同时发生作用而有所减弱,显得模糊不清,有时甚至需要花费一些力气仔细研究才能够发现

---

① 参加王觉非主编:《欧洲历史大辞典》上册,上海辞书出版社2007年版,第740页。
② 《马克思恩格斯全集》中文第2版第25卷,人民出版社2001年版,第518页。

这个规律的踪迹。

反谷物法同盟时期以来的那些起着庸俗化作用的庸俗经济学家就以此为借口,说什么首先是劳动,其次是一切其他的商品,都没有真正的可以确定的价值,只有一个上下波动的价格,这种价格受供求的调节,而同生产成本没有多大关系;并且说,要提高价格,因而也包括提高工资在内,除增加需求外,没有别的办法。这样一来,就排除了工资额和食品价格之间的令人不愉快的联系,而且可以把这一点归结为下面的拙劣而可笑的理论大胆地加以宣布,即面包贵工资就低,面包贱工资就高。①

段落大意:反谷物法同盟成立以来,那些发挥着庸俗化作用的庸俗经济学家就是以这个作为借口,鼓吹无论是劳动力,还是一切其他的商品,都没有真正可以确定的价值,只有一个受供求关系影响而上下波动的价格;这个价格受到市场供求关系的调节,但是它与商品的生产成本之间没有多大关系;并且他们还认为,如果要提高价格,包括提高工资在内,除了增加市场的需求之外,没有别的更好的办法。这样一来,他们就轻易地排除了工资额和食品价格之间令人不愉快的联系,而且还把只有增加需求才能提高价格和工资,简单地归结为下面这个拙劣甚至可笑的理论并大肆地进行宣扬,那就是面包价格高,工人的工资就低;反之,面包价格便宜,工人的工资就高。

也许诺布尔先生要问,在今天面包贱的时候,工资难道不是普遍地像1847年以前面包因谷物税而贵的时候一样高,或者甚至更高吗?这要经过长时间的调查才能回答。不过有一点是肯定的:哪个工业部门生意兴隆,同时工人又有坚强的组织保卫自己,那里工人的工资一般都没有下

①《马克思恩格斯全集》中文第2版第25卷,人民出版社2001年版,第518页。

降,有时或许还提高了。这不过证明从前付给这些工人的工资过低。哪一个工业部门营业衰落,或者工人没有组成坚强的工联,那里工人的工资就一定下降,往往降到挨饿的地步。请到伦敦东头去亲眼看看吧! [①]

段落大意: 诺布尔先生也许要问,在今天面包价格低廉的时候,难道工人的工资不是普遍地和1847年以前一样高,或者甚至更高吗?(那时候因为征收谷物税,造成了面包的价格高昂。)这个问题需要经过长时间的调查之后才能够得出一个正确的答案。不过有一点是可以肯定的:那就是哪些工业部门兴旺发达,同时那个部门的工人已经联合起来,并建立起能够保护自己的坚强有力的组织,那么对于这些工人来说,他们的工资不但没有降低,相反甚至或许还有所增加。这一事实只不过是从一个侧面证明在此之前支付给这些工人的工资太低了。哪一个工业部门生产不景气,或者在那个部门的工人尚未联合起来建立起能够保护自己的强有力的工联组织,那么,对于那里的工人来说,他们的工资必然会下降,经常会下降到难以维系自己的生活,甚至下降到挨饿的地步。如果不相信这一点,就请去伦敦东头的贫民区去亲眼看看吧!

弗·恩格斯写于1881年7月初　　　　原文是英文

作为社论载于1881年7月9日　　　中文根据《马克思恩格斯全集》
《劳动旗帜报》第10号　　　　　1985年历史考证版第1部分
　　　　　　　　　　　　　　　第25卷翻译

---

① 《马克思恩格斯全集》中文第2版第25卷,人民出版社2001年版,第518—519页。

第八篇社论
《工人政党》

这篇文章是恩格斯于1881年7月中旬写的,作为社论发表于1881年7月23日的《劳动旗帜报》第12号上。

朋友们和同情者们向我们不知提出过多少次这样的警告:"要远远躲开政党政治啊!"就目前英国的政党政治来说,他们的意见是完全正确的。一个工人组织,既不能有辉格党性质,也不能有托利党性质;既不能有保守党性质,也不能有自由党性质,甚至也不能有真正政党意义上的激进派性质。保守党人、自由党人、激进派,都只代表统治阶级的利益,代表在地主、资本家和零售商中占优势的各式各样的意见。如果他们真的来当工人阶级的代表,那他们肯定无疑当的是歪曲代表。[①]

在1832年第一次议会改革期间,英国的托利党和辉格党开始分别演变成为保守党和自由党。

保守党,其前身为托利党,是英国最大的保守右翼政党。1832年议会改革后,在托利党的内部发生分裂,以罗伯特·皮尔为代表的一部分人重新组建托利党,公开使用了"保守党"这个名称,托利党人经常被称作"保守党人"。"保守党"一词来自法语,一开始传入英国的时候,该词是以形容词的形式出现的,后来才转化为名词,其原意是"保护人"或"守旧者"。一开始人们用其来称呼以威灵顿为首的托利党人,之所以这样称呼他们是由于他们反对议会改革,努力保持陈旧的政治传统。1817年,在英国《保守党人》杂志上第一次出现了"保守党"一词,主要指维护君主制、君主制原则或正统主义原则的政治力量。保守党起动是仅代表土地贵族的政党,在19世纪末20世纪初,资本主义进入帝国主义阶段以后,它成为

---

①《马克思恩格斯全集》中文第2版第25卷,人民出版社2001年版,第520页。

代表垄断资产阶级、大地主和贵族利益的政党。在英国资产阶级两党制度下,保守党先是和自由党,后来和工党并列为两大政党,轮流执政。

1834年,罗伯特·皮尔组成第一届保守党内阁。1846年,因为皮尔政府推动废除了《谷物法》,这导致了保守党的分裂,其力量一度受到削弱。该党内部的右翼势力主张保护关税,他们对于皮尔政府进行了猛烈攻击,并将皮尔称为保守党内的"犹大"。自由党趁机发难,联合保护贸易派迫使皮尔政府下台。在皮尔离开政府后,原来追随他的那些人组建了"没有皮尔的皮尔派",在威廉·格莱斯顿等人的领导下,皮尔派由于得到了中产阶级的理解和支持,作为第三党在英国下院存在了十多年。这种三党鼎立局面的出现,对英国的政党制度造成了极大的影响,使执政党难以在下院建立一支稳定的多数队伍,这自然而然地造成了政府工作效率的低下,不利于政党制度的运行。为此,英国统治阶级中的上层人物感到焦虑不安,他们希望英国重新恢复两党竞争的模式。1859年6月6日,自由党和皮尔派正式合并。19世纪40年代至70年代,保守党除短期执政外,绝大多数时间是自由党执政。1867年,保守党德比政府时期,通过了第二次议会改革法案,使得保守党的基础得以扩大。保守党领袖本杰明·迪斯累里在1868年、1874—1880年,索尔兹伯里在1885—1886年、1886—1892年、1895—1902年相继担任英国首相,他们大力推行殖民扩张政策,并联合自由党统一派,反对爱尔兰自治。英国保守党政府曾勾结其他帝国主义国家组成八国联军入侵中国,镇压义和团反帝爱国运动,妄图瓜分中国。

1906年,由于在关税政策上产生分歧,保守党再一次分裂,此后多年一直处于在野党。在第一次世界大战中,保守党于1915年参加了自由党筹组的联合政府。由于战后自由党的衰落,从1922年起,出现了保守党同工党轮流执政的新局面。保守党作为20世纪在英国占主导地位的政党,它是赢得大选次数最多、执政时间最长的政党。在1945年7月的英国大选之前,除了工党有过两次短期的执政外,大部分时间都是由保守党在执政,保守党内的博纳·劳、斯坦利·鲍德温、阿瑟·内维尔·张伯伦和温斯顿·丘吉尔等人先后担任英国首相。在1945年的大选失利之后,英国保守党的政策开始左转,工党关于福利国家和部分企业国有化的主张逐渐被接受。1951年,保守党再次赢得大选重新执政,丘吉尔、艾登、麦克米伦、道格拉斯-霍姆等人先后担任英国首相。到1964年,保守党在大选中落败;1970—1974年,保守党领袖希思当选英国首相。从1979—1997年,保守党领袖撒切尔夫人和约翰·梅杰先后担任英国首相。在1997年5月的英国大选中,保守党遭受前所未有的惨败下台。①英国保守党还拥有自己的一些外围组织,如卡尔登俱乐部、1912年俱乐部、妇女保守党协会、青年保守党协会等。

自由党,英国政党,其前身为辉格党。19世纪20年代后期,"自由党"一词曾被用来称呼托利党左翼分子,也就是在1822—1827年间主张改革的坎宁派。当1831年英国的议会改革进入高潮阶段时,由于以格雷为首的辉格党政府不断地提出进行改革的议案,他们的这种做法引起了托利党人的不满,为此,托利党人接二连三地发表文章攻击格雷等人提出的改革议案,并使用"自由党"一词贬称辉格党人。

"自由党"一词源于西班牙语。西班牙在1808—1814年间发生了资产阶级革命,在革命的过程中,产生了一个行动最为坚决的派别,人们将这个派别称为"自由党"。1822年,西班牙又一次爆发革命,出现了革命形势高涨的局面。当时的神圣同盟武力镇压了西班牙的这场革命斗争,为了反抗来自神圣同盟的武力镇压,一些英国志愿兵发动了一场对西班牙自由党的援助运动,他们渡过英吉利海峡来到西班牙,积极参与反抗神圣同盟武力镇压西班牙革命运动的斗争之中。正是因为英国志愿兵的这

---

① 参见王觉非主编:《欧洲历史大辞典》上册,上海辞书出版社2007年版,第727页。

一援助行动,让当时的英国民众十分关心西班牙的革命运动,由此,"自由党"一词进入了英国社会,也被英国人所知晓。在1832年议会改革后,辉格党人经常被称为自由党人。在此后的二三十年间,"辉格党"和"自由党"两个词被同时使用。自由党与保守党并列为英国的两大政党。自由党是代表英国工商业资产阶级利益的政党,它主张自由贸易,利用海外的高额利润收买工人贵族,使得旧工联成为自由党的尾巴。

1859年,自由党与代表新兴工业资产阶级的激进派融合,并与保守党中的皮尔派联合。1859年6月6日,各派别举行联合大会,这标志着主要代表工业资产阶级和金融寡头利益的自由党正式形成。自由党主张实行自由贸易政策和自由主义统治,积极进行对外殖民扩张政策。在自由党任期内,曾经发动了两次侵略中国的鸦片战争,并参与镇压了太平天国农民革命运动,还镇压了1857—1859年爆发的印度民族大起义。从19世纪下半叶开始,自由党与保守党开始在英国轮流执政。1868—1894年,在自由党领袖格莱斯顿执政期间,采取了多项改革措施,包括建立国民教育制度、实行秘密投票制、工会合法化等。自由党由于在爱尔兰自治法案问题上发生分歧,1886年,约瑟夫·张伯伦等人从自由党内分裂出去,组成了自由党统一派,并且开始和保守党合作。

1906—1915年,自由党在大选中获胜再次执政,推行了一系列的社会改革措施,包括通过《养老金法》《国民保险法》等,为建立福利国家奠定了坚实的基础。1911年通过了新的《议会法》,该法极大地削弱了上院的权力。在第一次世界大战期间,自由党同保守党、工党组成联合政府。20世纪20年代以后,由于代表垄断资产阶级利益的保守党将资产阶级吸引到自己的周围,一些过去拥护自由党的小资产阶级则投奔了工党,因此导致自由党的地位不断下降并逐渐走向衰落。1924年,工党取代了自由党的地位,自由党成为英国的第三党。1931年10月,因为自由党在支持麦克唐纳国民政府的问题上又一次出现分歧,导致该党再一次发生分裂。

第二次世界大战期间,自由党加入了联合内阁;在战争结束后,自由党在英国政治舞台上的作用已经变得无足轻重。1988年,自由党与社会民主党合并,组成了自由民主党。①

激进派,即资产阶级激进派,也被称为自由贸易派。这个派别代表工业资产阶级的利益和要求,主张进行自由贸易和国家不干涉国内经济生活。这个派别的主要领导人是纺织工厂主科布顿和布莱特,他们拥护亚当·斯密和大卫·李嘉图的自由贸易学说。这一派别主要在英国的重要工业城市——曼彻斯特开展活动,因此也被称为曼彻斯特派(或曼彻斯特学派)。1839年,在科布顿和布莱特的倡导下成立了"反谷物法同盟",为取消谷物进口税进行斗争,以便降低粮食的价格,从而能够让英国的工业品以低廉的价格在国内外市场竞争中处于优势地位。在1840年这一年里,他们组织了200多次群众大会,向议会递交了700多件请愿书;为了争取到工人阶级的支持,他们还用"廉价食品,高额工资"的口号欺骗工人。在皮尔内阁实行了自由贸易政策,降低了粮食和原料的进口税,取消了《航海条例》等一系列促进英国资本主义迅速发展的改革措施之后,资产阶级激进派立刻站到工人阶级的对立面,他们转而支持英国政府镇压工人运动,并且以"低额工资和高价食品"这一口号取代了此前的"廉价食品,高额工资"的口号。在19世纪40—50年代,自由贸易派成为一个单独的政治集团,此后加入了英国自由党。马克思一针见血地揭示出自由贸易派的本质,认为它是"让资本来统治,让劳动受奴役"②。

段落大意:"一定要远离英国的政党政治啊!"我们的朋友们和同情者们曾经不止一次地这样警告过我们。针对目前英国所实行的政党政治来说,他们的意见是完全正确的。一个真正的工人阶级的组织,它既不同于辉格党,也不同于托利党;既不同于保守党,也不同于自由党,甚至它也完

---

① 参见王觉非主编:《欧洲历史大辞典》上册,上海辞书出版社2007年版,第727页。
② 参见孔经纬等编:《〈马克思恩格斯选集〉历史词典》,商务印书馆1992年版,第411页。

全不同于具有真正政党意义的激进派。无论是保守党人、自由党人，还是激进派，他们都只不过是统治阶级利益的代表者，他们只反映那些在地主、资本家和零售商中占大多数的那些人的各种意见。如果真的让这些人来充当工人阶级的代表，那么毫无疑问，他们根本无法真正地代表工人阶级的利益。

工人阶级有其本身的利益，既有社会的也有政治的。他们怎样维护他们认为是自己的社会利益的东西，这从工联的和缩短工作日运动的历史中已经可以看到。但是，他们的政治利益，却几乎完全交给了托利党人、辉格党人和激进派这些上层阶级的人物。差不多有四分之一世纪，英国工人阶级好像是甘愿充当"伟大的自由党"的尾巴。①

由于受到工联主义的影响，恩格斯曾经一针见血地指出了英国工人运动的局限所在："参与世界市场的统治，过去是而且现在依然是英国工人在政治上消极无为的经济基础。他们既然充当了资产阶级在经济上利用这种垄断地位的尾巴，并且毕竟总是分享资产阶级的利润，那他们自然就会在政治方面充当'大自由党'的尾巴，而这个党又给他们一些小恩小惠，如承认他们有建立工联和罢工的权利，不再坚持无限制的工作日，并给予那些报酬较高的工人以投票权。"②因此这就使得英国的工人阶级不可避免地受到资产阶级和小资产阶级思想的影响，在进行斗争的过程中，很长一段时间都追随着资产阶级，未能独立地开展斗争。而早在1871年，马克思在接受纽约《世界报》驻伦敦记者的采访时就明确指出：工人阶级"不能指望别人来解救。因此，他们就绝对有必要把自己的事业掌握在自己手中。他们必须改变他们与资本家、地主之间的关系。这就是说，他

---

①《马克思恩格斯全集》中文第2版第25卷，人民出版社2001年版，第520页。
②《马克思恩格斯全集》中文第1版第36卷，人民出版社2016年版，第59—60页。

们必须改造社会。这就是每一个大家知道的工人组织的共同目的"。①

段落大意: 因为工人阶级有自身的阶级利益,这种利益既包括社会层面的利益,也包括政治层面的利益。我们通过考察工联运动的历史,通过梳理英国工人阶级所开展的缩短工作日运动的历史,能够十分清晰地认识到工人阶级为了维护他自认为是属于其社会利益的东西是如何开展不屈不挠地斗争的。但是,工人阶级却把自己的政治利益几乎全部交给了托利党人、辉格党人和激进派这些资产阶级利益的代表者。在长达25年的时间中,英国工人阶级似乎自愿地跟随着"伟大的自由党"的步伐,并毫无怨言地沦为自由党的尾巴。

这种政治地位,是和欧洲组织得最好的工人阶级不相称的。在其他国家,工人要活跃得多。在德国,工人政党(社会民主党人)已经存在十多年了,它在国会中占有10个席位,它的成长吓得俾斯麦采取了臭名昭彰的镇压手段,关于这一点,我们将在另一栏里谈到。但是,不管俾斯麦怎样,这个工人政党在稳步前进。就在上星期,它在曼海姆市议会选举中取得了16席,在萨克森议会选举中取得了1席。比利时、荷兰和意大利,也都仿效德国人的榜样。在这些国家里,都有工人政党,虽然这些国家过高的选民资格使它们目前还没有可能把自己的成员派到立法机关去。②

随着世界工人运动的深入发展和马克思主义的广泛传播,在19世纪七八十年代,一批社会主义工人政党或团体在欧美各国相继建立起来。这其中包括1875年成立的葡萄牙社会党,1876年成立的丹麦社会民主联盟,1876年成立的美国社会主义工人党,1878年成立的捷克社会民主党,1879年建立的法国工人党,1879年建立的西班牙社会主义工人党,1880年建立的匈牙利全国工人党,1881年建立的英国民主同盟,1882年建立

①《马克思恩格斯文集》第3卷,人民出版社2009年版,第612页。
②《马克思恩格斯全集》中文第2版第25卷,人民出版社2001年版,第520—521页。

的荷兰社会民主联盟,1882年建立的意大利工人党,1882年建立的波兰无产阶级党,1883年成立的俄国劳动解放社,1885年建立的比利时工人党,1887年成立的挪威工人党,1888年成立的奥地利社会民主工党,1888年成立的瑞士社会民主党,1889年成立的瑞典社会民主党。欧美各国社会主义政党和团体的建立,标志着社会主义政党由一国发展到多国,这是马克思、恩格斯长期以来努力创建工人阶级政党的结果,也是马克思主义广泛传播的结晶。欧美各国的这些社会主义政党成立之后,大力宣传马克思主义,推动工人运动走上了独立发展的道路。[①]

段落大意: 英国工人阶级的这种政治地位,与他们作为欧洲最富有组织性的工人阶级这一称号,是极不相符的。欧洲其他国家的工人阶级都要比英国的工人阶级活跃得多。德国的工人阶级政党(德国社会民主党)已经存在了十几年,而且它在德国的议会中拥有10个席位;德国工人阶级政党的发展壮大让首相俾斯麦感到万分恐惧,因此他通过了《反社会党人非常法》,用卑鄙的手段对社会民主党人进行大肆地镇压,关于这个问题,我们将在另一个专栏里面进行讨论(即后来发表在1881年7月23日《劳动旗帜报》第12号上的《俾斯麦和德国工人党》一文)。但是,不管俾斯麦采取了何种卑鄙的手段进行镇压,都无法阻止德国工人阶级政党的发展壮大,工人阶级政党正稳步地前进。就在上个星期,在曼海姆市的议会选举中,德国的工人阶级政党获得了16个席位;在萨克森的议会选举中,德国的工人阶级政党则获得了1席。比利时、荷兰和意大利的工人阶级政党也都纷纷效仿,以德国的工人政党视为自己的榜样。尽管由于对选民的资格要求较高,导致目前这些国家的工人阶级政党还无法让自己的成员在立法机关(即议会)中获得席位,但是这些国家都已经成立了工人阶级政党。

---

① 参见徐光春主编《马克思主义大辞典》,崇文书局2017年版,第366页。

在法国,工人党的组织工作目前正在全面展开。在最近的选举中,它已经在几个市镇议会里取得了多数,在今年10月的大选中无疑地将在众议院取得几个席位。甚至在美国,虽然从工人阶级转变成农场主、商人或者资本家还比较容易,工人也认为需要把自己组成一个独立的政党。工人到处都在为取得政治权力、为取得本阶级在立法机关中的直接代表权而斗争,到处都是这样,只有大不列颠例外。①

段落大意:目前,在法国,工人阶级政党正在全面地开展组织工作。在最近的议会选举中,在几个市镇的议会选举中,法国的工人阶级政党已经获得了多数席位,毫无疑问,在今年10月即将举行的法国全国大选中,法国工人阶级政党将在众议院中获得几个席位。在美国,虽然工人阶级能够比较容易地转变为农场主、商人或者资本家,但是,工人阶级还是认为自己应该成立一个独立的工人阶级政党。除了大不列颠以外,世界各国的工人阶级都在为争取政治权力、为本阶级在立法机关中获得直接代表权而进行着不懈地斗争。

然而,在英国,从来没有像现在这样普遍地感到,老的政党注定要灭亡,老的套语变得没有意义了,老的口号已被推翻,老的万应灵丹已经失效了。各个阶级的有思想的人,开始看到必须开辟一条新的道路,而这条道路只能是走向民主制的道路。但是在英国,工业和农业的工人阶级占人民的绝大多数,民主制恰恰意味着工人阶级的统治。那么,就让英国工人阶级自己准备去担负它所面临的任务,去统治这个大帝国吧,让他们了解必然要落到他们肩上的责任吧。②

段落大意:然而,在英国从来没有像现在这样,那就是人们普遍意识

① 《马克思恩格斯全集》中文第2版第25卷,人民出版社2001年版,第521页。
② 同上。

到:已经没落的老的政党必然会走向灭亡,已经过时的、不适用的老的套话、固定用语变得毫无意义,过去的旧口号应该被摒弃了,过去的万能的灵丹妙药也已经失去效果了。每个阶级当中思想先进的人们,开始逐渐认识到自己必须开辟一条全新的发展道路,而沿着这条道路走下去,最终只能走向民主制,除此之外没有其他的道路可走。但是由于在英国的总人口中,占绝大多数的是分布在工业和农业中的工人阶级,因此,在英国实行民主制刚好意味着是实行工人阶级的统治。那么,现在就需要让英国的工人阶级赶紧做好准备,去承担自己所面临的历史赋予它的艰巨使命吧,那就是工人阶级成为大英帝国的统治者;让英国的工人阶级去了解他们必然要承担的历史责任吧。

要做到这点,最好的方法是利用已经掌握在他们手里的力量,利用他们在王国各大城市中拥有的实际多数,把自己队伍中的人派到议会里去。按照目前的户主选举法,要派遣四五十个工人到圣斯提芬去是很容易的,那里确实非常需要输入新鲜的血液。只要有这样一个数目的工人参加议会,就不可能让爱尔兰土地法案像目前这样越来越变成爱尔兰土地笑话,也就是说变成爱尔兰地主补偿法案;重新分配议席、切实惩治贿赂、像英国以外任何国家那样由国库负担选举费用——对诸如此类的要求,要加以抗拒也就办不到了。[1]

《爱尔兰土地法案》是指19世纪八九十年代英国政府为了缓和爱尔兰的土地纠纷而制定的法令。自由党领袖格莱斯顿在第一次组阁期间,为了得到爱尔兰民族议员的支持,以加强自由党在与保守党竞争中的力量,他于1870年颁布了《爱尔兰土地法案》,该法规定地主不得随意驱逐

---

[1]《马克思恩格斯全集》中文第2版第25卷,人民出版社2001年版,第521—522页。

已经交纳了地租的佃农;对于无法交纳地租者,地主在收回土地时应该对佃农所建造的房舍和农业设施给予一定的补偿。此外,还决定由政府向一些佃户提供贷款以帮助他们赎买土地。《爱尔兰土地法案》颁布后,引发了多数地主的强烈反对。他们趁机抬高土地的价格,让佃农无力承担高昂的地价而造成购买土地的愿望化为泡影。格莱斯顿政府提出的解决爱尔兰问题的方案因此受挫,自由党的声誉也因此受到影响。①

在1880年格莱斯顿第二次组阁之后,面对声势浩大的爱尔兰抗租革命运动,为了安抚爱尔兰,格莱斯顿又提出一个新的土地法案,该法案于1881年在下院通过。该法案强调公平地租、固定地租并准许爱尔兰佃户自由出售农产品;还规定减少两成地租,租率15年保持不变,在此期间佃户可以自由买卖耕地,但是地主不得随意驱逐他们。这项新的土地法案实际上是为了维护大地主阶级的利益,缓和其与爱尔兰农民之间的阶级矛盾,征收的地租依然很高,农民负担依然沉重;该法案还允许大地主们以对自己有利的条件将土地卖给国家。尽管如此,这项法案引起了在爱尔兰拥有土地的大地主们的强烈不满,因此,他们想方设法地阻挠该法案的实施。

这项新的土地法案颁布后,也遭到爱尔兰土地同盟(爱尔兰农民争取土地改革的组织)的强烈反对,他们认为格莱斯顿政府是想用土地问题来抵制爱尔兰自治,并立刻提出了土地国有化的新主张。格莱斯顿政府随后颁布《强制条例》,逮捕了爱尔兰土地同盟的众多盟员。这引起爱尔兰人民的强烈反抗,开展了更加顽强的抗租斗争。②

段落大意:英国工人阶级要想成为这个大帝国的统治者,最好的办法就是利用英国工人阶级手里已经掌握的力量,利用在英国的各大城市中工人阶级人数众多、在人数上拥有的优势地位,把工人阶级队伍中的人派

---

① 参见阎照祥著:《英国史》,人民出版社2003年版,第324页。
② 同上,第325页。

到议会中去。根据目前选举法的要求,要把四五十个工人派到英国议会中去是一件很容易的事,因为英国下院的确非常需要新鲜的血液的输入。如果能有四五十个工人进入议会,那么《爱尔兰土地法案》就不可能像现在这样变成了爱尔兰地主的补偿法案,简直就变成了"爱尔兰土地笑话"(在英语中,法案的英文"bill"与自相矛盾、荒唐可笑的英文"bull"两者的发音相近);对于诸如重新分配议会中的议席、切实惩治选举中的贿赂问题、像别的国家那样选举费用由政府来承担等这一类的要求,在议会中要反对这些要求几乎就无法做到了。

此外,在英国只有工人的政党才可能是一个真正民主的政党。其他阶级的开明人士(那样的人在那些阶级里不像人们要我们相信的那么多)可以加入这个党,在表明自己的真诚以后,甚至可以在议会里代表这个党。这在各地都是如此。例如,在德国,工人的代表并不是在每一场合下都是真正的工人。但是,任何民主的政党,无论在英国或在其他任何国家,除非具有鲜明的工人阶级性质,否则就不可能取得真正的成就。抛弃这种性质,就只有宗派和欺骗了。①

段落大意:另外,在英国,什么样的政党才有可能是真正意义上的民主的政党呢?答案就是只有工人阶级的政党才有可能。在别的阶级中的开明人士(那些阶级中的所谓开明人士的数量并不像人们所说的那么多),在公开表明自己的诚意后,是可以加入工人阶级政党的,甚至能够在议会里代表工人阶级政党的利益。在每个国家都是这样的。以德国为例,并不是任何时候工人阶级的代表都是来自真正的工人阶级。但是,无论在英国还是在其他别的国家,任何一个真正的民主政党,只有它是真正意义上的工人阶级政党,它才能够有所成就。一旦它抛弃了工人阶级政党的

---

①《马克思恩格斯全集》中文第2版第25卷,人民出版社2001年版,第522页。

性质,那么对于它来说,就只能是宗派主义的或者具有欺骗性质的了。

这在英国甚至比在外国更符合实际情况。自从世界历史上第一个工人政党即宪章派瓦解以来,激进派的欺骗不幸是够多的了。是的,宪章派瓦解了,而且什么也没有干成。果真如此吗?在人民宪章的六点中,有两点,即秘密投票和取消财产资格限制,现在已经成为国家的法律了。第三点即普选权,在户主选举法的形式下至少是已经接近实现了。第四点即平等的选区,显然即将见诸实现,因为这是现政府答应的一项改革。所以,宪章运动瓦解的结果却足足实现了宪章派纲领的一半。[①]

段落大意: 在英国,这一点远比在其他国家更符合实际情况。自从世界历史上的第一个工人阶级政党——宪章派衰落以后,资产阶级激进派已经不知进行了多少次的欺骗了。的确,宪章派已经衰落了,而且它也没有取得什么成就。但是事实真的是这样吗?在宪章派通过的纲领性文件——《人民宪章》提出的六项要求中,其中秘密投票和取消财产资格限制这两项要求,现在已经成为国家的法律了。第三项要求关于普选权问题,在1867年的议会改革法案通过以后,这项要求也基本上已经快实现了。第四项要求关于平等的选区,显而易见,因为这是现在的政府承诺要进行的一项改革,所以这项要求也即将实现了。所以,宪章运动虽然衰落了,但是宪章派提出的纲领却已经实现了一半。

如果说,仅仅对于工人阶级过去的一个政治组织的回忆,就能导致这样一些政治改革,而且除此以外还导致了一系列社会改革,那么,一旦真的有了一个以四五十个议会代表为后盾的工人政党,结果又将如何呢?我们生活在一个人人都得由自己来照管自己的世界里。但是英国工人阶

---

① 《马克思恩格斯全集》中文第2版第25卷,人民出版社2001年版,第522页。

级却让地主、资本家、零售商等阶级及其尾巴——律师、新闻记者等等来照管它的利益。难怪有利于工人的改革进行得这样缓慢,这样可怜地一点点地实现。英国工人只要愿意,他们就能以主人的身份去实现他们的处境所要求的每一项改革,不论是社会的还是政治的。那么,何不努力干起来呢?①

段落大意:如果说,仅仅凭借对于一个过去的工人阶级政治组织的回忆,就能够进行这样一系列的政治改革,而且不仅如此,还进行了一系列的社会改革;那么,一旦真正拥有了这样一个以四五十个议会代表为后盾的工人政党的话,那么结果又会是什么样呢? 我们大家生活在一个人人都需要依靠自己来管理自己的世界里。但是在英国,由于工人阶级放弃了自我管理,却把这一权利交给了地主、资本家、零售商等阶级及其追随者——律师、新闻记者等人,让他们来代表自己的利益。正是因为这个原因,造成那些有利于工人阶级的改革进行得十分缓慢,只能一点点地实现。只要英国的工人阶级愿意,他们就能够以主人的身份去进行改变他们处境的每一项改革,不论是社会改革还是政治改革。既然如此,那么,英国的工人阶级为什么还不努力地去做呢?

弗·恩格斯写于 1881 年 7 月中　　　　　　　原文是英文

　　　　　　　　　　　　　　　　中文根据《马克思恩格斯全集》
作为社论载于 1881 年 7 月 23　　　1985 年历史考证版第 1 部分
日《劳动旗帜报》第 12 号　　　　　第 25 卷翻译

---

①《马克思恩格斯全集》中文第 2 版第 25 卷,人民出版社 2001 年版,第 522—523 页。

第九篇社论
《俾斯麦和德国工人党》

这篇文章是恩格斯于1881年7月中旬写的,作为社论发表在1881年7月23日的《劳动旗帜报》第12号上。

英国资产阶级报纸最近对俾斯麦及其爪牙施加于德国社会民主工党党员的残暴行为,保持极端的沉默。只有《每日新闻》在某种程度上是惟一的例外。从前,每当外国的专制政府大施淫威残害自己的臣民时,英国的日报和周刊就大声疾呼,真是激烈得很。但是这一次受迫害的是工人,而且他们都以称为工人而自豪;"上流社会"、"贵族社会"的新闻代表隐瞒真相,而且就其顽固的沉默态度来看,简直好像是赞成这种暴行。真的,政治关工人什么事? 还是让"高等人"去管吧! ①

奥托·冯·俾斯麦(Otto von Bismarck,1815—1898),德国著名的政治家和外交家。1815年,他出生于德国勃兰登堡省的一个中等的容克地主家庭。1832年,他中学毕业后进入哥廷根大学学习,攻读法律专业,一年后转到柏林大学,在那里取得毕业文凭。大学毕业后,俾斯麦先后在柏林、亚琛和波茨坦担任过律师与候补官员,因为不喜欢那里的工作,他于1839年返回家乡经营自家的庄园。②1847年,俾斯麦幸运地通过补缺的方式进入普鲁士联合邦议会,成为普鲁士最年轻的议员。作为一个容克,俾斯麦是一个坚定的君主主义者,坚决反对自由主义和社会主义,这让保守派对其十分满意。在1849—1850年,他当选为普鲁士众议院议员,竭力主张维护容克地主利益,反对革命运动。因为他公开支持"普鲁士高于德意志"的保守主义观念,使其与王室的联系日益密切。

1851—1859年,俾斯麦被任命为普鲁士驻法兰克福邦联议会的大

①《马克思恩格斯全集》中文第2版第25卷,人民出版社2001年版,第524页。
② 参见郑寅达著:《德国史》,人民出版社2014年版,第256—260页。

使,1859年,他被调到圣彼得堡出任公使,1862年又被调到巴黎担任驻法国大使。驻外的这些经历,扩大了他的视野,改变了他的政治观,让他能够从欧洲全局看待问题,成为富有远见的政治家。在这期间,俾斯麦的思想开始发生转变,他主张改革落后的农奴制经济,发展资本主义生产;他谴责分裂,主张建立强权政治,实现国家统一。

1862年9月,俾斯麦被任命名为普鲁士首相,不久又兼外交大臣。他上台后不久,不顾议会的反对,推行强硬政策,拨款实行军事改革,加强普鲁士军事实力;在议会发表了令人震惊的"铁血演说",开始实现他的自上而下地统一德国的计划。其政策被称为"铁血政策",他本人也被称为"铁血宰相"。俾斯麦在任期内曾先后策划和发动了普丹战争(1864年)、普奥战争(1866年),成功地将奥地利排除在德意志统一事业之外,建立了北德意志联邦,实现了德国的统一,并出任联邦首相。1870年,他发动普法战争,击败了法兰西第二帝国,为德意志统一扫除了最后的障碍。1871年,他帮助法国梯也尔政府镇压了巴黎公社。

1871年,德意志帝国成立,俾斯麦担任帝国的首相,被封为舍恩豪森侯爵,开始掌管德国的一切内政外交,坚决维护容克地主的利益,并力保容克地主与大资产阶级的联盟。对内,他一方面同阻碍德国容克地主阶级建立国家中央集权的各种势力展开斗争;另一方面,他还大肆镇压规模日益壮大的工人运动和民族解放运动。1878年,他制订并推行《反社会党人非常法》;进行关税改革,废除自由贸易,实行保护关税政策。镇压波兰人民的民族斗争,推行德意志化政策。对外,他实行所谓的"大陆政策",竭力防止反德同盟的建立和准备对法国进行新的战争。1873年,德国与俄、奥两国签订三国协定,建立起"三皇同盟"。1877—1878年,发动俄土战争,他战后主持柏林会议,遏制俄国的扩张,造成德俄关系恶化。1879年,德国同奥匈帝国结成军事同盟,1882年意大利加入,这就形成了对抗俄、法的三国同盟,这为把欧洲划分为两大敌对阵营奠定了基础。此后,他又重新组成"三皇同盟",1887年与俄国签订《再保险条约》。19世纪80年代,德国开始在非洲、太平洋地区进行殖民扩张,夺取了西南非洲、多哥、喀麦隆、东非、新几内亚东北部、太平洋诸岛。1890年,德皇威廉二世继位后,他因两人政见不合而辞职。[1]

德国社会民主工党(Social Democratic Workers' Party of Germany),是德国第一个独立的社会主义工人政党,也是世界上第一个在一国范围内建立起来的无产阶级社会主义政党。1869年8月7日,社会民主主义者全德代表大会在爱森纳赫(Eisenach)召开,在会上成立了德国社会民主工党,因此该党也被称为"爱森纳赫派"。该党的纲领基本上是按照马克思主义原则制定的,主张废除生产资料私有制,铲除阶级统治,强调要实现工人阶级在政治上和经济上获得解放,必须以阶级斗争作为决定性手段,同时表示拥护无产阶级国际主义原则。但在某些方面,该党仍受到拉萨尔主义思想的影响,诸如"建立自由人民国家"、国家帮助的生产合作社、给予工人"不折不扣的劳动所得"等。在该党的组织章程中,确定实行民主集中制的党的组织原则,反对突出个人,反对领袖独裁,规定由居住在同一个地方的5个人组成执行委员会来领导党,11个人组成的监察委员会设在另一个城市。该党自成立之初就宣布加入第一国际。该党的机关刊物——《民主周刊》。在马克思、恩格斯的帮助下,德国社会民主工党成立后逐渐摆脱了拉萨尔主义对工人运动的消极影响,主张通过自下而上的革命道路,推翻容克反动统治,统一德意志。在普法战争期间,该党坚持无产阶级国际主义的原则,对巴黎公社予以坚定的支持,反对普鲁士政府的侵略和掠夺政策,这使得该党的影响力与日俱增。列宁称爱森纳赫派是"马克思主义者的派别"。[2]

1874年,拉萨尔领导的全德工人联合会(拉萨尔派)因内部矛盾加剧

---

[1] 参见王觉非主编:《欧洲历史大词典》上册,上海辞书出版社2007年版,第955页。
[2] 同上,第963页。

向德国社会民主工党(即爱森纳赫派)提出合并要求。1875年5月22日至27日,全德工人联合会(拉萨尔派)和德国社会民主工党(即爱森纳赫派)这两个德国工人运动中的主要政治组织在哥达城举行了合并代表大会,组建了德国社会主义工人党(Socialist Workers' Party)。在制定党纲和选举领导核心等问题上,爱森纳赫派向拉萨尔派作出了妥协,会议选举了党的中央领导机关,党的执行委员会由拉萨尔派三人(两名主席、一名书记)和爱森纳赫派两人(一名书记、一名司库)组成;在合并大会上,还通过了由威廉·李卜克内西和拉萨尔派领导人哈赛尔曼共同起草的缺乏明确革命目标、反映拉萨尔主义观点的纲领草案,即《哥达纲领》。合并后该党的成员主要由从全德工人联合会中分裂出来的左派和德意志工人协会联合会成员组成,代表了193个地区的一万多名党员,主要领导人有倍倍尔和威廉·李卜克内西、哈赛尔曼、白拉克等。该党的组建结束了德国工人运动长期分裂的局面,加强了德国工人运动的力量。①

针对爱森纳赫派在理论上和政治上向拉萨尔派作出妥协,给德国社会主义工人党造成严重后果,导致党内机会主义思潮泛滥这种局面,马克思对此进行了严厉地批评,认为"合并无论在理论方面或在实践方面都降低了党的水平"。在马克思、恩格斯的关怀和指导下,以威廉·李卜克内西和倍倍尔为代表的党内革命派同党内的"左"、右倾机会主义进行了不懈地斗争,革命力量不断发展壮大,促进了德国工人运动的发展。

1878年,俾斯麦政府颁布了《反社会党人非常法》,德国社会主义工人党于1880年8月在瑞士维登举行了代表大会,修改了《哥达纲领》,强调必须将合法斗争形式与不合法的斗争形式结合起来。1889年,德国社会主义工人党参加了第二国际,并成为第二国际的骨干。1890年,在德国的议会选举中,德国社会主义工人党获得了35个席位,成为议会中大党

---

① 参见孔经纬等编:《〈马克思恩格斯选集〉历史词典》,商务印书馆1992年版,第71页。

之一。在《反社会党人非常法》废除以后,德国社会主义工人党于1890年10月正式更名为"德国社会民主党"。①

文中所说的"最近对俾斯麦及其爪牙施加于德国社会民主工党党员的残暴行为"指的是1878年10月俾斯麦操纵国会通过《反对社会民主党企图危害治安的法令》,也被称为《反社会党人非常法》(Anti-Socialist Law),大肆镇压德国社会主义运动和工人运动。

在巴黎公社失败后,欧洲工人运动的中心从法国转移到了德国。1875年德国社会主义工人党完成统一后,开始利用有利条件积极发展工人运动。到1877年,德国社会主义工人党在全德建立起251个地方组织,党员人数接近4万人。与此同时,德国社会主义工人党在全德拥有26个工会联合会,大约有5万名会员;还创办了56种报刊,订阅户数达到60万户。在1877年的德国议会选举中,德国社会主义工人党获得了近50万张选票,比1874年的17万张增加了近两倍,该党所占的议席数量也由6个增至12个。社会主义运动的日益壮大,引起了容克资产阶级的极度恐慌,他们认识到"同反对派斗争是次要的事情,同社会民主党斗争是主要的事情"②,因此,他们将斗争的矛头指向了德国社会主义工人党及其领导的工人运动。

1878年,俾斯麦借两次刺杀德皇威廉一世事件发难,嫁祸于社会民主党人,大肆宣传"赤色危险"以压制工人运动,指使联邦议会草拟该法令,最终由俾斯麦操纵的国会在10月29日通过了《反社会党人非常法》。该法令一共有30条,主要内容有:第一,"以危害公共安宁,特别是危害居民各阶级的和睦的方式,为旨在破坏现行国家制度和社会制度的、社会民主党的、社会主义的或共产主义的企图服务"的协会、团体、出版物以及会议和募捐,各地警察署有权禁止;第二,违反禁令而参加被禁止的团体、继

① 参见孔经纬等编:《〈马克思恩格斯选集〉历史词典》,商务印书馆1992年版,第71页。
② 参见郑寅达著:《德国史》,人民出版社2014年版,第308页。

续出版和散布已被查封的出版物,将处以巨额罚金和重刑;第三,各地警察当局有权禁止一切违法者的逗留,有权撤销与违反非常法有关的出版商、书商、店主的营业执照;第四,对由于社会民主党的活动而使治安受到威胁的地区,各邦有权实行至少为期一年的小戒严,戒严期间,非经警察当局批准,不得公开出售出版物和举行集会。①《反社会党人非常法》的有效期最初为3年,此后又历经4次延长,随着俾斯麦政府的垮台,1890年9月30日该法令期满后未再延长。1890年10月1日,该法令被废除。

俾斯麦推动颁布《反社会党人非常法》的目的是为了镇压社会主义运动和工人运动。在这项法令颁布之后,德国社会民主党被置于非法的地位,该党的一切组织、群众性的工人组织、社会主义的和工人的刊物都遭到了禁止,社会主义著作被没收,社会民主党人遭到镇压。在该法令实施的过程中,大约有330多个工人组织遭到破坏,1300多种出版物被查禁,2400多人被捕入狱或遭到驱逐。②

面对反动政府的镇压行径,德国社会主义工人党在开始时显得手足无措,党内的机会主义者趁机提出走"合法的改良道路",在德国社会主义工人党处于生死存亡的危急关头,马克思、恩格斯两位革命导师及时地对其工作予以指导,批评了党内的错误倾向,并为德国无产阶级制订了反对俾斯麦颁布的《反社会党人非常法》的斗争策略。正是因为有了马克思、恩格斯的积极帮助,德国社会民主党才能够战胜党内的机会主义分子和极"左"分子,并不失时机地将开展地下工作与进行合法斗争结合起来,大大提高了自己在群众中的影响力。③德国社会主义工人党反非常法斗争的艰辛历程,以德国工人运动的"英雄时代"被载入史册。

段落大意:最近一段时间,英国的资产阶级报纸针对德国俾斯麦政府

---

① 参见郑寅达著:《德国史》,人民出版社2014年版,第309页。
② 参见王觉非主编:《欧洲历史大辞典》上册,上海辞书出版社2007年版,第945页。
③ 参见徐光春主编:《马克思主义大辞典》,崇文书局2017年版,第372页。

及其爪牙对德国社会民主工党党员所采取的残暴行为,很罕见地都一致地保持了缄默。在某种程度上来说,这其中只有《每日新闻》是唯一的一个例外。在此之前,每当外国的专制政府对自己的臣民大肆镇压、施以迫害时,英国的各种日报和周刊就会大声疾呼,予以谴责,可以说是非常激烈。但是,由于这一次被迫害的对象是工人阶级,而且他们都自称是工人并以此为傲;所以那些"上流社会""贵族社会"的新闻代表选择隐瞒事情的真相,而且从目前他们一直保持沉默的态度来看,对这种暴行简直就是持赞成的态度。的确,政治这种事情和工人有什么关系? 还是让"高等人"去关心政治这种事情吧!

英国报纸的沉默还有另一个原因,这就是:要谴责俾斯麦的高压法令及其执行方式,同时又要维护福斯特先生在爱尔兰的高压措施,很难办到。这是一个很痛的痛处,是碰不得的。我们不大可能指望资产阶级报纸会自己指出,现政府在爱尔兰的所作所为,使英国在欧洲和美洲的道义威望降低到了何种程度。[①]

威廉·爱德华·福斯特(William Edward Forster,1818—1886),英国工厂主会和政治活动家,自由党人,议会议员。他出生在多塞特郡。从1861年起开始担任议会下院的议员。1868年至1874年间担任教育法案起草委员会副主席,1870年他所提出的《初等教育法》在议会获得通过,建立起英国国民基础教育制度。

爱尔兰问题是一个敏感的问题,也是英国面临的一个难题,自由党和保守党在爱尔兰问题上的立场严重对立。从严格意义上讲,爱尔兰并不是英国的殖民地。1801年,爱尔兰与英国合并后,就成为联合王国的一个组成部分,爱尔兰的事务由英国的内阁大臣直接管理,并不是由殖民部

---

① 《马克思恩格斯全集》中文第2版第25卷,人民出版社2001年版,第524页。

管辖。英国人把爱尔兰看作是英国的一部分,但在大多数爱尔兰人看来,合并就意味着被吞并,因此,他们无时无刻不想从英国的统治之下摆脱出来。1870年,格莱斯顿政府制定了《爱尔兰土地法案》,面对地主提高地租迫使佃户退佃并抬高地价,使佃农无法购买土地这一状况,爱尔兰农民掀起了土地运动,以抵制爱尔兰地主霸占土地的行为。

面临这一严峻局面,1880年,格莱斯顿第二次组阁后把解决爱尔兰问题作为该政府的首要任务,格莱斯顿政府首先在下院通过一项在爱尔兰实行强制统治的法案;继1870年土地法之后,又于1881年通过了第二个《爱尔兰土地法案》。格莱斯顿政府任命福斯特担任爱尔兰事务大臣。福斯特在爱尔兰采取强硬政策,残酷镇压民族解放运动,以高压政策对付爱尔兰农民的反抗活动。福斯特在爱尔兰推行的高压政策遭到爱尔兰人民的强烈反抗,他本人因此也得了一个"铅弹福斯特"(Buckshot Forster)的绰号。在1882年格莱斯顿政府与爱尔兰土地同盟的领导者签署了《基尔梅纳条约》后,福斯特辞去了爱尔兰事务大臣一职。①

段落大意:还有另外一个原因让英国的资产阶级报纸保持着沉默的态度:那就是如果他们要对俾斯麦实施的高压政策及其执行方式进行谴责的话,那么他们就很难再继续维护福斯特先生在爱尔兰采取的高压措施了。这对他们来说是一个无法回避的痛处,是轻易不能碰的。正因为如此,我们根本无法寄希望于资产阶级自己的报纸会如实地报道现在的英国政府在爱尔兰的所作所为,因为他们如实报道的结果将会让英国在欧洲和美洲的威信降到最低。

在每次大选中,德国工人党得的票数都在迅速增加。在上上次大选中,它的候选人得了50多万张选票,而在上次大选中,得到了60多万张选

---

① 参见王觉非主编:《欧洲历史大辞典》上册,上海辞书出版社2007年版,第740—741页。

票。柏林有两人当选,埃尔伯费尔德-巴门有一人,布雷斯劳、德累斯顿各有一人;尽管政府同自由主义的、保守的和天主教的政党结成了大同盟,尽管所有其他政党异口同声归罪于工人党的两次谋刺皇帝事件引起了一片叫嚣,工人党还是赢得了10个席位。随后,俾斯麦通过了一项法令,宣布社会民主党为非法。50多家工人报纸被查封,工人的团体和俱乐部被解散,他们的基金被没收,他们的集会被警察驱散,尤有甚者,竟然有这样的规定:整个的城市和整个的地区都可以被"宣布戒严",就像在爱尔兰那样。但是,甚至英国的高压法在爱尔兰从来不敢做的事情,俾斯麦在德国也做出来了。①

两次谋刺皇帝事件:第一次是1878年5月11日,在柏林菩提树下大街,来自莱比锡的流氓无产者赫德尔·麦克斯开枪刺杀德皇威廉一世,但未能得手;第二次是1878年6月2日,德国的无政府主义者卡尔·爱德华·诺比林再次行刺德皇威廉一世,威廉受重伤。这两次刺杀事件本来与社会民主党人没有任何关系,但是俾斯麦却借机将其嫁祸于社会民主党人,借此实行了《反社会党人非常法》,对社会民主党人大加迫害。

段落大意:在每一次大选中,德国工人党的得票数都在迅速地增加。在1877年的国会选举中,德国工人党的候选人获得了50多万张选票,而在上一次的国会选举中,德国工人党候选人的得票数达到60多万张。在柏林,有两位德国工人党候选人当选,在埃尔伯费尔德-巴门市有一个德国工人党候选人当选,在布雷斯劳和德累斯顿分别各有一个德国工人党候选人当选;虽然德国政府同自由主义的、保守的和天主教的政党结成了大同盟,虽然所有的其他政党都叫嚷着将两次刺杀德皇威廉一世这件事的罪名安在了德国工人党的头上,但是德国工人党最终在国会中还是赢得了10个议席。在这之后,俾斯麦通过《反社会党人非常法》,宣布德国

---

① 《马克思恩格斯全集》中文第2版第25卷,人民出版社2001年版,第524—525页。

社会民主党为非法组织。俾斯麦政府查封了50多家工人报纸，解散了许多工人成立的团体和俱乐部，没收了他们的基金，工人组织的集会也被警察给驱散了，更有甚者，像英国政府在爱尔兰所采取的做法那样，竟然可以在整个城市和整个地区"宣布戒严"。甚至连英国在爱尔兰执行的高压法律从来都不敢做的事情，俾斯麦在德国竟然也敢做出来。

在每个"被宣布戒严的"地区，警察受权把他们"有理由怀疑"进行社会主义宣传的任何人驱逐出境。柏林自然马上就被宣布戒严，于是有数以百计的人（连他们的家属在内，数以千计）被驱逐。因为普鲁士警察总是驱逐有家属的人，而对未婚的青年一般是不去管的。对于未婚的青年，驱逐不是什么严重的处罚，但是对于当了一家之长的人来说，在大多数情形下，即使不是彻底的毁灭，也是一场长期的磨难。汉堡选举了一名工人当国会议员，于是马上就被宣布戒严。第一批从汉堡被驱逐的大约有100人，另外还有他们的家属300多人。工人党在两天以内为他们筹妥了旅费，解决了其他的急需。现在，莱比锡也被宣布戒严，惟一的借口是，政府不这样做，就不能摧毁党的组织。第一天被驱逐的就有33人，大部分是有家属的已婚男子。名单上的前3名都是德国国会议员。也许狄龙先生会给他们去一封贺信，因为他们的处境还不像他自己的那样坏。①

约翰·狄龙（John Dillon，1851—1927），爱尔兰政治活动家，爱尔兰土地同盟领导人之一。他生于都柏林郡布莱克罗克，曾就读于都柏林天主教大学医学院，获得外科医生资格。后来他放弃医生职业转而从政。他在1880—1883年和1885—1918年担任议会议员。由于他积极地参与爱尔兰土地同盟的活动，于1881—1882年两次被捕入狱。狄龙一直开展要求爱尔兰获得独立、反对英国统治的合法斗争。1890年，他成为反帕内

---

① 《马克思恩格斯全集》中文第2版第25卷，人民出版社2001年版，第525页。

尔派的领导人。1896年,他成立了爱尔兰民族主义联盟并担任主席一职。1900年,他与帕内尔派联合起来,成立了爱尔兰民族主义党。在第一次世界大战期间,他反对英国在爱尔兰征兵。1918年,他成为爱尔兰民族主义党的领袖,但在大选中败给了新芬党的瓦勒拉。此后,他退出政坛。[①]

段落大意:在每一个"被宣布戒严的"地区,警察被授予这样一种权力,那就是可以将他们怀疑有可能进行社会主义宣传的任何一个人驱逐出境。柏林自然在第一时间被宣布为戒严地区,因此大约有数以百计的人(包括他们的家属在内大约就有数以千计的人)被驱逐出境。因为普鲁士警察总是把有家属的那些人驱逐出境,而他们一般不会去管那些未婚的青年人。事实上,对于那些未婚的青年人来说,驱逐出境并不是什么严重的处罚,但是对于那些有了家庭的人来说,在大多数情况下,这种处罚即使算不上是毁灭性的打击,但也算得上是一种长期的磨难了。在汉堡,由于一名工人被选为国会议员,那里立刻就被宣布实施戒严了。从汉堡第一批被驱逐出境的有100人左右,另外还有他们的家属300多人也被驱逐出境了。德国工人党在两天之内为他们筹集了旅费,帮助他们解决了所面临的其他一些急需解决的问题。目前,莱比锡也宣布实施戒严了,而莱比锡宣布戒严的唯一理由是,如果政府不这样做,那么就不能摧毁德国工人党的组织。在第一天就有33人被驱逐出境,而被驱逐的人大部分是有家庭的已婚男子。排在被驱逐名单上的前三个人(这三个人是指奥·倍倍尔、威·李卜克内西和威·哈森克莱维尔)都是德国国会的议员。也许,狄龙先生会给他们发去一封贺信,因为和狄龙自己的处境比起来,这三位的处境要好多了。

---

① 参见王觉非主编:《欧洲历史大辞典》上册,上海辞书出版社2007年版,第751页。

但这还不是全部。工人党一旦被正式宣布为非法,并被剥夺了其他德国人应该享有的一切政治权利,警察就可以对该党的每个党员任意处置了。在搜查违禁出版物的借口下,他们的妻子和女儿受到最无礼和野蛮的对待。至于他们本身,警察想什么时候逮捕就逮捕,一星期一星期地拘押,非要在监狱里关上几个月才能释放。警察发明了刑法典中所没有的新罪名,而刑法典也被无限地加以引申。警察经常可以找到够腐败或够疯狂的行政官和审判官来给他们当助手,做帮凶。升官晋级就是以这种代价得来的! 所有这一切造成了怎样的结果,从下列惊人的数字可以看出。1879 年 10 月到 1880 年 10 月一年内,单单在普鲁士,以叛国、叛逆、侮辱皇帝等罪名被捕入狱的就不下 1108 人,以政治诽谤、侮辱俾斯麦或诬蔑政府等罪名被捕入狱的不下 10094 人。11202 个政治犯,这甚至超过了福斯特先生在爱尔兰的丰功伟绩哩! ①

段落大意:但是,驱逐出境只是其中的一部分,并不是全部。一旦德国工人党被正式宣布为非法组织,同时,德国工人党党员还失去了本该享有的与其他德国人一样的政治权利之后,那么,他们将面临这样一种危险状况:德国的警察可以任意处置德国工人党的每一个党员了。警察以搜查违禁出版物为借口,以最无礼和最野蛮的方式对待他们的妻子和女儿。对于他们本人,警察想什么时候逮捕他们就逮捕,并且对他们实施长时间地拘押,有时他们要被关进监狱里,几个月之后才能被释放。一些在德国的刑法典中根本就不存在的"莫须有"的罪名都被德国警察"发明出来",而且刑法典还被他们进行了无限地引申。极度腐败或者极端疯狂的行政官和审判官经常被警察找来充当自己的助手和帮凶。他们的升官晋级就是以伤害德国工人党为代价换来的! 从以下这些令人震惊的数字中可以看出,所有这一切造成了什么样的后果。仅在普鲁士,从 1879 年 10 月到

①《马克思恩格斯全集》中文第 2 版第 25 卷,人民出版社 2001 年版,第 525—526 页。

1880年10月间,至少有1108人由于叛国、叛逆、侮辱皇帝等罪名被捕入狱;至少有10094人因为政治诽谤、侮辱俾斯麦或诬蔑政府等罪名被捕入狱。加起来一共有11202个政治犯,这个数字甚至超过了福斯特先生在爱尔兰的丰功伟绩哩!

　　俾斯麦用他的这一切高压手段得到了什么呢? 正如福斯特先生在爱尔兰所得到的一样。社会民主党像爱尔兰土地同盟那样蓬勃发展,拥有同样牢固的组织。几天以前举行了曼海姆市议会选举。工人阶级的政党提出了16名候选人,他们以几乎是三比一的多数全体当选。此外,代表德累斯顿的德国国会议员倍倍尔,作为莱比锡选区的议员候选人,参加了萨克森议会竞选。倍倍尔本人是一位工人(旋工),如果不能说他是德国最优秀的演说家,那也是最优秀的演说家之一。为了阻挠他当选,政府驱逐了他的整个竞选委员会。结果怎样呢? 结果是,虽然选举权是受到限制的,倍倍尔还是以绝大多数票当选了。可见,俾斯麦的高压手段对他丝毫没有用处,相反,却激怒了人民。那些被剥夺了保卫自己权利的一切合法手段的人,总有一天会采取非法手段,没有人能指责他们。格莱斯顿先生和福斯特先生不总是宣扬这种理论吗? 而他们现在在爱尔兰又是怎样干的呢?[1]

　　爱尔兰土地同盟是爱尔兰农民争取土地改革的组织。早在1879年8月,原芬尼社的领导人达维特创办了土地同盟。爱尔兰其他各地也纷纷建立起土地同盟,此举得到爱尔兰民族主义运动领导人帕内尔的大力支持。同年10月,各地的土地同盟代表会聚在都柏林举行了全国土地同盟大会,正式成立"爱尔兰土地同盟",帕内尔担任同盟的主席,达维特担任同盟的名誉书记。同盟的参加者多为佃农,也包括前芬尼社的成员、破产

---

[1]《马克思恩格斯全集》中文第2版第25卷,人民出版社2001年版,第526—527页。

的中产阶级和小资产阶级等。爱尔兰土地同盟提出要实行合理地租,允许土地自由买卖等要求,同时还将争取土地改革的农民运动与民族解放斗争结合起来。1880年9月,为了抗议英国地主的代理人杯葛驱逐佃户、强行没收土地的蛮横行径,爱尔兰农民采取与杯葛断绝关系的措施,爱尔兰土地同盟对此予以大力支持,并将其发展成为广泛的反对地主的抗租运动。1881年,格莱斯顿政府提出的《爱尔兰土地法案》在英国议会获得通过,该法案规定实行公平地租、固定租期、自由出售土地承租权等。但是爱尔兰土地同盟对该法案持反对态度。1881年10月,帕内尔等人被捕入狱。1882年,帕内尔在狱中与英国政府达成协议,同意不使用暴力手段,将同盟的抵制运动纳入合法范围。此后,英国政府多次颁布了有关土地购买的法令。1903年,英国政府颁布的《爱尔兰土地购买法》(即《温德姆法》)规定政府通过向地主提供额外津贴的方法,鼓励地主将土地出售给佃户,这使得爱尔兰土地问题基本上得到了解决。[①]

奥古斯特·倍倍尔(August Bebel,1840—1913),是德国工人运动和国际工人运动的著名活动家;同时他还是德国社会民主党和第二国际的创始人和主要领导人之一。1840年2月,他出生于今科隆一个普鲁士军人家庭,1913年8月13日在瑞士苏黎世去世。他从14岁起开始当学徒,早年当过工人。1861年,他加入了莱比锡职工教育协会,积极投身于工人运动和政治斗争,逐渐成为马克思主义的热烈拥护者。1863年6月,他在法兰克福参与建立德意志工人协会联合会,1864年被选为该联合会的常委。1865年当选为莱比锡职工教育协会的主席,也是在这一年,他结识了威廉·李卜克内西,并在其影响和帮助之下成长为一个社会主义者。1866年,倍倍尔同李卜克内西一起建立了萨克森人民党,并加入第一国际。1867年,倍倍尔担任了德国全国性的工人组织——德国工人协会联

---

① 参见王觉非主编:《欧洲历史大辞典》上册,上海辞书出版社2007年版,第749页。

合会的主席。同年,他在北德意志联邦议会选举中当选为议员,成为议会中第一个工人阶级的代表。在他的努力之下,德国工人协会联合会于1868年加入了第一国际。倍倍尔坚决反对俾斯麦推行的"铁血政策",主张通过自下而上的革命来完成德国的统一。

1869年8月,倍倍尔同威廉·李卜克内西共同创建了德国社会民主工党(即爱森纳赫派),还创办了《社会民主党人报》,同拉萨尔派的机会主义错误进行了不懈地斗争。在1870—1871年的普法战争期间,作为爱森纳赫派领袖的倍倍尔坚持无产阶级国际主义立场,利用议会讲坛反对俾斯麦政府的侵略行径和吞并政策,深刻揭露俾斯麦反动政权勾结法国梯也尔卖国政府镇压巴黎公社的罪恶阴谋,坚决支持巴黎人民的革命事业。

1870年12月,倍倍尔因反对军国主义而被捕入狱。1871年3月,他在当选为国会议员后被释放。但是因为他在国会中投票反对军事拨款,反对吞并阿尔萨斯和洛林,其议员资格被剥夺,并以"图谋叛国罪"和"侮辱皇帝罪"再次被捕入狱。他在狱中继续坚持革命斗争,撰写了《国会及邦议会活动和1871—1873年的社会民主党》的小册子,用来指导党的议会斗争。此后他又撰写了《妇女与社会主义》一书,该书成为德国社会民主党的理论武器之一,在1879年出版后又多次再版,并被译成各种欧洲语言。①

1875年4月,倍倍尔刑满释放。同年,他参加了在哥达举行的爱森纳赫派与拉萨尔派合并代表大会。在1878年俾斯麦政府通过《反社会党人非常法》之后,他积极领导德国工人党将地下工作同合法斗争结合起来,为保存和积蓄革命力量作出了积极贡献。在1884年、1887年、1889年的德国国会选举中,他三次当选为国会议员,并在国会中坚决捍卫工人阶级的利益。1880年,倍倍尔在瑞士参加社会民主党秘密代表大会,修改《哥

---

① 参见徐光春主编:《马克思主义大辞典》,崇文书局2017年版,第261页。

达纲领》。19世纪80年代末，他积极投身于第二国际的创建工作，1889年、1891年、1893年，他三次作为代表出席国际社会主义工人代表大会，并且成为第二国际著名的社会活动家。19世纪90年代和20世纪初，倍倍尔同无政府主义、改良主义和修正主义进行了坚决地斗争。倍倍尔还反对帝国主义侵略战争，严厉谴责八国联军侵略中国的罪行。

当然，倍倍尔本人也犯过一些错误，例如在1875年的哥达代表大会上，无原则地迁就拉萨尔派，通过了具有机会主义倾向的《哥达纲领》；在批判和驳斥修正主义思潮的过程中，不够坚决、彻底；在战争、民族和殖民地等问题上存在宗派主义的错误。

但是，倍倍尔始终同日益成长和壮大的德国无产阶级携手并进，不断揭露德国军国主义的罪行，反对德国反动政府的殖民侵略政策；始终保持着对无产阶级革命事业的信心和忠诚，始终站在工人阶级解放事业的立场上，为工人阶级的解放作出了巨大贡献，是马克思和恩格斯的朋友和战友。革命导师马克思、恩格斯对他的错误及时作了严肃的批评，并帮助他改正错误；同时，对他战斗的一生进行了高度的评价。列宁称其为"一位在工人中间最有威信、最受群众爱戴的领袖"①。

段落大意：俾斯麦采取这些高压手段，他又能得到什么呢？他所得到的就像福斯特先生在爱尔兰所得到的是一样的。像爱尔兰土地同盟一样，德国社会民主党蓬勃发展起来，其拥有同样牢固的组织。在几天之前，曼海姆市议会举行了选举。工人阶级政党提出的16名候选人，他们几乎是以三比一的多数全部当选。此外，倍倍尔作为代表德累斯顿的德国国会议员，他还作为莱比锡选区的议员候选人，参加了萨克森议会的竞选。倍倍尔本人曾经当过工人（旋工），虽然不能说他是德国最优秀的演说家，但绝对可以说他是最优秀的演说家之一。为了阻止倍倍尔当选，他

---

① 参见孔经纬等编：《〈马克思恩格斯选集〉历史词典》，商务印书馆1992年版，第36页。

的整个竞选委员会都被德国政府驱逐了。可是结果又怎样呢？结果就是，虽然倍倍尔的选举权受到了限制，但是他还是以绝大多数票当选了。由此可见，俾斯麦的高压政策并没有对倍倍尔产生任何的影响，但是却激起了人民群众的强烈愤怒。对于那些采用一切合法手段来保护自己权利的人来说，如果他们的权利被剥夺了，那么总有一天他们会采取非法的手段来保护自己的权利，对此任何人都不能指责他们。这种理论不正是格莱斯顿先生和福斯特先生一直大肆宣扬的吗？但是，现在看看他们在爱尔兰又是怎么样做的呢？

弗·恩格斯写于1881年7月中　　　　　　　　　原文是英文

　　　　　　　　　　　　　　　　中文根据《马克思恩格斯全集》

作为社论载于1881年7月23　　　1985年历史考证版第1部分

日《劳动旗帜报》第12号　　　　第25卷翻译

第十篇社论
《棉花和铁》

这篇文章是恩格斯于1881年7月底写的，作为社论发表在1881年7月30日的《劳动旗帜报》第13号上。

棉花和铁是我们这个时代的两种最重要的原料。哪个国家在棉织品和铁制品生产方面占首位，一般也就在工业国中居于首位。由于英国的情况正是这样，而且只要情况不改变，英国将总是世界第一工业国。①

---

① 《马克思恩格斯全集》中文第2版第25卷，人民出版社2001年版，第530页。

19世纪中叶,英国完成了工业革命,建立起了强大的纺织、钢铁、煤炭、机器制造和交通运输五大工业部门,成为名副其实的"世界工厂"。世界上其他国家的工业生产能力加起来都不及英国一个国家的生产能力,同时,世界上没有一个国家的对外贸易额超过英国,英国正是以这样优异的成绩确立了世界工业霸主和贸易强国的地位。1850年,世界工业产品中的28%来自英国,其中包括煤的60%、铁的50%、钢的70%、棉纺织品的50%。英国在造船、铁路修筑方面也都位居世界首位。1860年,世界上40%~50%的工业产品、欧洲55%~60%的工业品全都是由英国生产的。英国的钢铁产量在1870年的时候仍占据世界钢铁产量的一半左右。从1850年到1860年间,英国控制了世界贸易的25%,在工业品的国际贸易中所占的比例则更高。1850年,英国对外贸易占世界贸易总量的20%,到1860年则增长到40%。[①]在19世纪的前70年里,仅占世界人口总数2%左右的英国,其工业生产却占到世界工业生产的1/3~1/2,其贸易额则占到世界贸易额的1/5~1/4。直到19世纪70年代,英国在世界工业生产中仍占据优势地位。

在英国,纺织业是其工业革命中的主要产业,是英国经济活动的主导部门,也是英国经济增长的引擎,1820—1840年,纺织业吸收了30%的工业劳动力和整个不列颠人口的14%;1830年,纺织业占到了英国国民收入的10%和出口总额的72%,到1850年仍占英国出口总额的63%。在19世纪中期,欧洲大陆国家的纺织工业与英国相比存在较大的差距。到19世纪末期,虽然欧洲大陆的技术进步得相当迅速,但是英国的纺织工业仍然远远领先于其竞争对手。1873年,英国的纺织工业拥有世界纺锭总数的3/5,比欧洲国家在1913年时所占的比例还要高出一半以上。[②]

制铁业也是英国工业革命的领头羊,在19世纪成为英国的主要支柱

---

① 参见阎照祥著:《英国史》,人民出版社2003年版,第296页。

② 转引自钱乘旦主编:《英国通史》第五卷,江苏人民出版社2016年版,第27—28页。

产业之一。随着19世纪40年代铁路建设速度的加快,纺织业逐渐被制铁业所取代。19世纪中叶,英国的制铁业达到其增长率的顶点,1848年英国的铁产量达到近200万吨,超过了世界上所有国家铁产量的总和。在1830—1834年、1850—1854年间,年均生产量翻了四倍,到19世纪70年代,其直接收入占不列颠国民收入的10%。1850—1880年,英国人主宰着世界钢铁生产,占其产量的半数左右以及世界出口的近3/4。①

段落大意:在当今这个时代,棉花和铁是两种最重要的生产资料。只要一个国家在棉纺织工业和制铁工业的生产方面位居首位,那么这个国家在所有的工业国中必然也会位居首位。由于英国的棉纺织工业和制铁工业一直位居世界首位,所以只要这种状况不发生改变,那么英国将会永远是世界第一工业强国。

这样,人们满可以认为英国棉纺织业和制铁业工人的生活一定非常好,以为既然英国统治了市场,这些商品的贸易该总是很兴旺的,料想至少在这两个工业部门,在鼓吹自由贸易的那个时期所许诺的富足的千年王国一定是实现了。不幸!我们都知道,实际情况远非如此。在这里,也同在其他行业中一样,如果说工人的状况没有恶化,而且在某些情况下甚至还有所改善,那完全是由于他们自己的努力,由于坚强的组织和艰苦的罢工斗争。②

"千年王国"是基督教用语,指的是世界末日到来之前,基督将再次降临,在人间为王统治一千年,到那个时候魔鬼将暂时被捆锁,福音将传遍整个世界。这句话经常被用来形容理想中的公正平等、富裕繁荣的太平盛世。③

---

① 转引自钱乘旦主编:《英国通史》第五卷,江苏人民出版社2016年版,第40页。
②《马克思恩格斯全集》中文第2版第25卷,人民出版社2001年版,第530页。
③ 同上,第704页。

　　段落大意：在这种情况下，人们本来以为在英国的棉纺织业和制铁业工作的工人们一定生活得非常好，因为英国的棉纺织业和制铁业位居世界首位，那么棉纺织品和铁制品这些商品的贸易肯定是非常兴盛的，因此，人们猜想过去鼓吹自由贸易那个时期所许诺的富足的千年王国至少在棉纺织业和制铁业这两个工业部门已经实现了。但是很不幸，我们都知道，事实并非如此。实际上，同在其他行业中的工人阶级一样，对于在棉纺织业和制铁业工作的工人阶级来说，之所以他们的生活状况没有恶化，而且在某些情况下甚至还有所改善，那是因为工人建立了自己坚强的组织并进行了艰苦的罢工斗争，可以说完全是他们自己努力的结果。

　　我们知道，在1874年前后短暂的几年繁荣时期以后，棉纺织业和制铁业彻底崩溃了。工厂关闭，高炉停火，继续生产的，一般也都缩短了开工时间。这种崩溃时期以前也有过，平均每十年重复一次；每次都延续到被新的繁荣时期所代替为止，如此循环往复。①

　　由于资本主义发展的不平衡，引起了各主要资本主义国家世界经济地位的急剧变化。自从19世纪70年代开始，由于作为后起之秀的美国和德国的经济飞速发展，导致英国工业独霸全球的地位开始丧失；农业的连年歉收，再加上对北美大草原的开发，让来自海外的羊毛从产地快速而又廉价地运到了英国，这直接造成英国经济陷入大萧条。从1880—1890年的10年间，英国的国民生产总值的年增长率为2.2%，而同期德国和美国的年增长率分别高达2.9%和4.1%。②1870年，在世界工业生产中英国位居第一位，占世界总产值的1/3左右。但是到了19世纪80年代，美国一跃超过英国而位居世界第一位，其工业总产值占世界的30%以上。③19世

---

①《马克思恩格斯全集》中文第2版第25卷，人民出版社2001年版，第530页。
②参见钱乘旦等著：《英国通史》，上海社会科学院出版社2012年版，第270页。
③参见刘祚昌、王觉非主编：《世界史·近代史编》，高等教育出版社2001年版，第238页。

纪70年代,英国的大萧条造成工人的失业率急剧上升,1879年高达11.4%。英国经济出现了非常明显的下滑态势。当然,这种下滑不是绝对的下滑,而是相对的下滑。从绝对数字来看,英国的经济还是保持了增长的势头,它依然还是世界上最富庶的国家。①

1873—1874年,英国发生了一次经济危机,接着进入一个很长的萧条时期。1878—1879年,又由萧条转入一场新的严重的经济危机,受影响最大的是重工业和出口工业。此后,英国经济未见有明显的回升趋势,到了1882年底,新的一轮危机爆发的同时又伴随着一场农业危机。②

段落大意:我们都知道,在经过1874年前后短暂的几年繁荣之后,棉纺织业和制铁业彻底走向崩溃,出现了周期性的经济危机。大批工厂纷纷倒闭,高炉停火,即使能够继续进行生产的工厂,一般也都缩短了工作时间。这种周期性的经济危机在此之前也曾经出现过,平均每十年重复一次;每次经济危机持续一段时间后,就会被新的经济繁荣时期所代替,一直这样有规律地周期性循环着。

但是,目前这个萧条时期,特别是在棉纺织业和制铁业中表现出来的特点是:持续的时间比一般延长了几年。曾经有过几次复苏的尝试,几次跃跃欲起,但是全都无效。虽说真正崩溃的阶段已经闯过,营业状况却还是疲软无力,而市场依旧不能吸收全部产品。③

段落大意:但是,在目前这个萧条时期,特别是在棉纺织业和制铁业中,这次经济危机表现出来的特点是:与过去相比,这次危机持续的时间延长了几年。虽然在经济危机发生期间,曾经出现过几次经济复苏的尝试,几次跃跃欲起,但最终没有实现经济的复苏。虽然说真正的经济危机

---

① 参见钱乘旦等著:《英国通史》,上海社会科学院出版社2012年版,第270页。
②《马克思恩格斯全集》中文第2版第25卷,人民出版社2001年版,第765页。
③ 同上,第530—531页。

时期已经闯过去了,但是各个行业的生产状况却十分不理想,依然处于经济增长乏力的状态;而且整个市场还是无法消化全部生产的产品,即市场上的商品依然是供大于求。

这里的原因是,在我们目前这种不仅用机器制造产品而且还用机器制造机器的制度下,生产能够奇迹般地迅速增加。如果工厂主愿意的话,可以毫无困难地仅用一个繁荣期,就使棉纺织机械和棉织品的漂白、印染设备增长到能够多生产50%以上产品的程度,把生铁和各种铁制品的全部产量增加一倍。实际的增长却没有达到那种程度,但已经远非过去历次扩大生产时期所能比拟的了,其结果就是慢性的生产过剩、慢性的营业萧条。企业主还可以等着瞧,他们等得起,至少可以等上一个相当长的时期,而工人却只有忍受痛苦,因为对他们来说,这意味着长期贫困,随时有进习艺所的可能。①

段落大意:导致上述这种情况的主要原因在于,目前这种不仅采用大机器来生产产品而且还采用大机器来生产机器的生产方式,能够让生产的产品迅速地奇迹般地增加。只要资本家们愿意,他们只需要一个繁荣时期就能够很容易地让棉纺织机械和棉织品的漂白、印染设备迅速增长到能够将生产产品的产量提高50%以上的程度;将生铁和各种铁制品的全部产量都增长一倍。事实上,在这次繁荣时期,生产的实际增长并没有达到那种程度,但是即便是这样,过去每一次繁荣时期的生产发展都无法与此次生产的迅速增长相比较,这一次出现的情况是:生产始终是过剩的,营业始终处丁萧条状态。对于资本家阶级来说,他们还叫以继续等待下去,至少可以等上一个相当长的时间,因为他们能够等得起,但是工人阶级却只能忍受痛苦,因为对于他们来说,漫长的等待意味着他们将长期

---

① 《马克思恩格斯全集》中文第2版第25卷,人民出版社2001年版,第531页。

地处于贫困境地,而且随时都有可能被赶进习艺所这一"穷人的巴士底狱"。

　　这就是无限制竞争的光辉制度的结果,这就是科布顿、布莱特之流许诺的千年王国的实现!这就是工人所要经受的磨难,只要他们还像在过去25年所做的那样,把掌握帝国经济政策之权交给他们的"天然领袖",交给托马斯·卡莱尔所说的那些被赋予指挥本国工业大军之使命的"工业司令官"。真是工业司令官!同他们相比,1870年路易-拿破仑的将军们都是天才了。所有这些自命的工业司令官都相互争斗,各人只顾自己的私利,增加自己的机器设备而不管他的邻居在做什么,最后他们都大吃一惊地发现造成了生产过剩的后果。他们不可能联合起来调节生产,他们只能为了一个目的而联合起来,那就是压低他们的工人的工资。这样,由于不顾一切地把本国的生产力扩大得远远超过市场的吸收能力,他们就剥夺了工人的相对说来比较好过的生活,以使自己的收入达到平均水平。而这种相对好过的生活本来是一个中等繁荣时期应该给予工人的,也是经过一个很长的崩溃时期之后工人有权要求的。工厂主作为一个阶级,再也没有能力管理本国巨大的经济事业,甚至连生产过程本身都没有能力管理,这难道还不能理解吗?英国工人的最大敌人竟是他们自己双手的不停增长的生产能力,这虽然是事实,但难道不是荒唐的吗?①

　　托马斯·卡莱尔(Thomas Carlyle,1795—1881),英国作家、历史学家、宣扬英雄崇拜的唯心主义哲学家。他出生于苏格兰邓弗里斯一个农场主家庭。1809—1814年就读于爱丁堡大学,大学毕业后任教师。1819年,他重返爱丁堡大学继续学习法律,并开始为《爱丁堡百科全书》撰写条目。他醉心于研究德意志文学,尤其是歌德的作品。从1828年开始,他专门

---

①《马克思恩格斯全集》中文第2版第25卷,人民出版社2001年版,第531—532页。

从事写作工作。1834年,他到英国首都伦敦生活。1866年,开始担任爱丁堡大学的校长。

在卡莱尔前期的著作中,他尖锐地批判资本主义制度、揭露统治阶级的虚伪和唯利是图,对社会上的贫富不均现象表现出强烈的不满,在他看来,"现金王国"的出现是广大人民贫困的根源所在。在他后期的著作中,充斥着英雄史观和反民主的观念,他认为人类社会的发展进步不是由于人民群众的力量,而是取决于少数领袖的智慧和力量。卡莱尔对资本主义制度进行的批判是基于颂扬中世纪、宣扬英雄崇拜、鄙视劳动人民的反动的浪漫主义立场,作为托利党政治上的追随者,其思想与封建的社会主义相接近。①

卡莱尔在1837年出版的《法国革命史》一书中,以亲历者的身份叙述了从路易十五之死到拿破仑掌权之间的重要事件,将叙述与愤怒的评论融为一体。在卡莱尔看来,当混乱超出肇事者的控制能力时,只有出现伟大人物才能收拾残局,像拿破仑这样的人,这表现出他对英雄的崇拜。在《英雄与英雄崇拜》一书中,他强调英雄对时代的影响,像穆罕默德、克伦威尔和莎士比亚这些人都是伟大的人物,他们之所以伟大,在于他们创造性地使人类摆脱了困境。英雄之所以是英雄不在于他的道德,而在于他的力量。在卡莱尔看来,历史是英雄们的历史,历史不是人民创造的,而是英雄创造的,这反映出他的英雄史观。在《当代评论》一书中,他攻击民主是个荒谬的理想,应该把政府托付给强者,群氓是无法实施有效的治理的。在他的书中出现了19世纪后期成为人们口头禅的两个术语,即"永恒的肯定"与"永恒的否定",前者指有坚定信仰的人,后者指无神论和怀疑论者。

卡莱尔反对政治经济学,把它说成是"阴郁的科学",他不赞成经济学家的论断,甚至认为奴隶劳动比自由劳动更好。卡莱尔的思想是对启蒙

---

① 参见孔经纬等编:《〈马克思恩格斯选集〉历史词典》,商务印书馆1992年版,第171页。

运动的反动,是思想上的一种"后退",尽管他崇尚力量、赞美超人、要求超越平庸,但他却表现出悲观乃至绝望的腔调。他的思想深受德国哲学的影响,反过来他的思想又对尼采的超人哲学产生了影响。①

宪章运动和1848年革命爆发后,由于害怕革命运动的发展,卡莱尔加入了反动阵营,反对无产阶级的斗争和革命,吹捧反动君主并鼓吹强权政治,由此他变成一个彻头彻尾的反动分子。他不仅放弃了对资本主义的批判,而且诅咒革命,鼓吹建立大资产阶级独裁统治,主张对工人实行恐怖政策,并为英国殖民扩张政策进行辩护。从19世纪70年代开始,他拥护德国的军国主义,大力颂扬俾斯麦。他的主要著作有《旧衣新裁》《法国革命史》《英雄与英雄崇拜》《宪章运动》《过去和现在》《当代评论》《腓特烈大帝》等,编纂有《奥利弗·克伦威尔书信演讲集》。②

段落大意:这种结果的出现就是资本主义制度下自由放任的、不受任何限制的竞争造成的,也是反谷物法同盟的领袖们科布顿、布莱特之流所承诺建立并实现的千年王国!只要工人们还像在过去25年所做的那样,把领导整个帝国经济的权力交给他们的那些所谓的"天然的领导者",交给托马斯·卡莱尔所认为的那些已经被赋予了领导本国工人阶级的历史使命的"工业司令官",这就是工人阶级必然会遭受的磨难。他们真的是工业司令官!同他们这些人相比,1870年路易-拿破仑的将军们简直都是天才了。所有这些自诩为工业司令官的人都在为了自己的一己私利而相互进行争斗,他们只管增加自己的机器设备而从不关心他的邻居们在做什么,最后他们才惊讶地发现造成了生产过剩的严重后果。这些所谓的工业司令官根本不可能联合起来对社会生产进行调节,只有一个目的会让他们这些人真正地联合起来了,那就是联合起来降低工人的工资。正因为如此,由于他们不顾一切地扩大本国的社会生产,造成本国生产出

---

① 转引自钱乘旦主编:《英国通史》第五卷,江苏人民出版社2016年版,第476—478页。
② 参见王觉非主编:《欧洲历史大辞典》上册,上海辞书出版社2017年版,第757页。

来的产品远远地超出了本国市场的承受能力,面对供过于求这种状况的出现,他们为了让自己的收入不下降、能够达到平均水平,就不惜采取损害工人阶级利益的做法,造成工人阶级的生活水平下降,让他们失去了"相对说来比较好过的生活",日子变得不好过了。工人阶级这种"相对说来比较好过的生活"其实是经过一个中等的繁荣时期之后工人应该过上的生活,这也是经历了经济危机之后工人阶级通过进行革命斗争而争取到的。从上述情况可以看出,作为一个阶级,资本家已经完全没有能力管理本国巨大的经济事业了,甚至连管理生产过程本身的能力都没有了,对于这一点难道还不好理解吗?这是多么荒唐的事情啊!虽然这看起来似乎是事实,那就是英国工人阶级最大的敌人不是别的,竟是他们自己用双手创造出来的不断增长的生产能力。

然而,还有另一个事实应当考虑。不只是英国的工厂主在提高自己的生产力。其他国家也是这样。现有的统计材料还不允许我们把各先进国家的棉纺织业和制铁业分别地加以比较。但是在整个纺织工业、采矿工业和金属工业方面,我们可以利用普鲁士统计局局长恩格尔博士在他的《Das Zeitalter des Dampfs》(《蒸汽时代》1881年柏林版)一书中提供的材料,列表进行比较。根据他的计算,这些工业部门在下列国家中使用的蒸汽机总马力(1马力等于在1秒钟内将75公斤重量提到1米高所需的力)如下:

纺织工业		采矿工业和金属工业
英国1871年··········	515800	1077000马力
德国1875年··········	128125	456436马力
法国··········	约100000	185000马力
美国··········	约93000	370000马力[1]

---

[1]《马克思恩格斯全集》中文第2版第25卷,人民出版社2001年版,第532页。

恩斯特·恩格尔(Ernst Engel,1821—1896),著名德国统计学家、经济学家,1860—1882年在柏林担任普鲁士王国统计局局长,因提出了恩格尔曲线和恩格尔定律而闻名于世。

段落大意:但是,还有另外一个事实需要考虑。不是只有英国的资本家在提高自己的生产能力,事实上,其他所有国家的资本家也都在提高自己的生产能力。根据现在掌握的统计数据,我们还不能把各个先进的资本主义国家的棉纺织业和制铁业分别地进行比较。但是,我们可以根据普鲁士统计局局长恩格尔博士在他所著的《蒸汽时代》(即《从技术和统计说明蒸汽时代》,1881年在柏林出版)一书中提供的数据资料,对于各个先进的资本主义国家的纺织工业、采矿工业和金属工业方面的情况,通过列表进行比较。根据恩格尔的统计,在下列国家中,这些工业部门使用的蒸汽机总马力(1马力等于在1秒钟内将75公斤重量提到1米高所需的力)如下:

国　家	纺织工业	采矿工业和金属工业
英国(1871年)	515800马力	1077000马力
德国(1875年)	128125马力	456436马力
法国	约100000马力	185000马力
美国	约93000马力	370000马力

由此可见,英国的三个主要竞争国所使用的总的蒸汽动力,在纺织工业方面是英国的五分之三,而在采矿和金属工业方面几乎同它相等。既然这些国家的工业发展速度远远超过英国,它们的产量加在一起,不久就会超过英国,这是不会有什么疑问的。①

段落大意:从上表可以看出,在纺织工业方面,英国的三个主要竞争对手——德国、法国和美国所使用的总的蒸汽动力,相当于英国的五分之

---

① 《马克思恩格斯全集》中文第2版第25卷,人民出版社2001年版,第532—533页。

三左右;而在采矿和金属工业方面,三国所使用的总的蒸汽动力几乎和英国相等。既然这些国家在工业发展速度方面已经远远超过英国,那么毫无疑问,在不久的将来,这三国的工业总产量加起来一定会超过英国。

再看下表,这是在生产中所使用的蒸汽马力(火车机车和轮船的发动机除外):

马力

大不列颠·····································约2000000

美国·····································约1987000

德国·····································约1321000

法国·····································约492000[①]

段落大意: 接下来再看看下面这个列表,这是各个先进的资本主义国家在生产中所使用的蒸汽机所达到的马力(火车机车和轮船的发动机除外):

国 家	马力
大不列颠	约2000000
美国	约1987000
德国	约1321000
法国	约492000

这个表更清楚地说明,英国在使用蒸汽的工业方面还保留着的垄断是多么微不足道,自由贸易对于保持英国工业的优势是多么不顶用。请不要说,外国工业的这种进展是人为的,是保护关税政策造成的。德国工业的巨大扩展,全部是在最自由的自由贸易制度下完成的。如果说,美国主要由于荒谬的国内消费税制而被迫采取一种与其说是真正的、不如说

---

①《马克思恩格斯全集》中文第2版第25卷,人民出版社2001年版,第533页。

是表面的保护关税政策,那么,只要废除这种消费税法令就足以让它能在自由市场上竞争了。①

消费税是资本主义国家征收的间接税中的一种,大多征自日常消费品和生活服务项目,是国家预算中的一项重要收入。美国于1791年首先对威士忌酒征收了消费税。②

段落大意: 从上面的列表中可以清楚地看到,在使用蒸汽机做动力的工业生产部门,英国所拥有的垄断地位已经不值得一提了,可见,企图利用自由贸易来保持英国在工业方面的优势地位已经很难奏效、几乎就是不可能的了。但是请不要认为,外国工业的这种进展是人为原因造成的,是因为实施保护关税政策造成的。事实上,德国工业取得的巨大发展,完全是在最自由的自由贸易制度之下实现的。如果认为美国工业之所以得到迅速发展的原因主要是由于错误地实行了一项国内消费税制,而不得不实行一种形式上看起来像是保护关税的政策,那么只要美国废除了这个国内消费税法,就可以让它在市场上进行自由竞争了。

这就是曼彻斯特学派的学说历时25年几近绝对的统治给这个国家造成的处境。我们认为,既然结果是这样,曼彻斯特和伯明翰的绅士们就应该迅速让位,在下一个25年中让工人阶级来干一干。工人阶级肯定不会管理得比他们差。③

段落大意: 这就是由于近25年来曼彻斯特学派的理论一直在英国占据统治地位,最终导致英国出现这样的局面。我们认为,既然他们的理论造成了今天这样的结果,那么,曼彻斯特学派就应该迅速地让位给工人阶级,让工人阶级在下一个25年中来领导这个国家。工人阶级一定会把英

---

①《马克思恩格斯全集》中文第2版第25卷,人民出版社2001年版,第533页。
②同上,第766页。
③同上,第533页。

国管理得很好,肯定不会比曼彻斯特学派差。

弗·恩格斯写于1881年7月底

原文是英文

作为社论载于1881年7月30日《劳动旗帜报》第13号

中文根据《马克思恩格斯全集》1985年历史考证版第1部分第25卷翻译

第十一篇社论
《必要的和多余的社会阶级》

《必要的和多余的社会阶级》是恩格斯应《劳动旗帜报》创办人兼编辑乔·希普顿之邀为该报撰写的11篇文章中的最后一篇。这篇文章写作的时间为1881年8月初。该文作为社论发表在1881年8月6日《劳动旗帜报》第14号上。此后,恩格斯不再为该报撰写文章。

常常有人问:社会上不同的阶级,在什么程度上是有用的或者甚至是必要的呢? 回答自然因每个不同的历史时期而不同。无疑,曾经有过一个时期,土地贵族是社会的一个不可避免的和必要的成分。不过,那是很久很久以前的事了。然后又有一个时期,资本主义中等阶级——法国人把它叫做bourgeoisie[资产阶级]——以同样不可避免的必要性产生了,它与土地贵族进行斗争,摧毁他们的政权,自己在经济上和政治上取得了统治。①

阶级是历史上一定的社会生产体系中所处不同地位的一些大的集团。1852年3月,马克思在致约瑟夫·魏德迈的信中指出:"阶级的存在仅

---

① 《马克思恩格斯全集》中文第2版第25卷,人民出版社2001年版,第534页。

仅同生产发展的一定历史阶段相联系"①,是社会生产力发展到一定阶段的必然产物,是生产力与生产关系矛盾运动的结果。在《社会主义从空想到科学的发展》一文中,恩格斯明确指出:"这些互相斗争的社会阶级在任何时候都是生产关系和交换关系的产物,一句话,都是自己时代的经济关系的产物。"②在马克思、恩格斯看来,阶级起源和阶级存在的基础以及如何划分阶级都是以社会经济关系作为标准的,而阶级形成和阶级划分的主要标志是社会分工与生产资料的占有关系。在不同的历史时期,由于社会分工不同,社会上存在的阶级是不同的。

对于阶级,列宁进行了严格定义。他明确指出,阶级就是在历史上一定的社会生产体系中,处于不同地位的大的社会集团;这些大的社会集团对生产资料的关系是不尽相同的,他们在社会劳动组织中发挥的作用也是各不相同的,这就使得他们对于生产资料的占有情况和支配方式也是完全不同的。由于这些不同,使得一个集团可以占有另一个集团的劳动。列宁给出的定义科学地指出了阶级的内涵、实质以及阶级划分的依据和标准,这充分说明阶级产生的经济根源和阶级存在的经济基础、划分阶级的依据和标准都取决于对生产资料的占有。

段落大意:人们经常会提出这样的问题:社会上存在的不同阶级,到底哪些阶级是有用的阶级,或者哪些阶级是必须存在的阶级呢? 在不同的历史时期,自然会因为时代的不同,问题的答案也是不尽相同的。毫无疑问,土地贵族曾经在一个历史时期是社会上必须存在的阶级,而且它的存在也是非常必要的。不过,那已经是很久很久以前的事了。随着人类社会的不断发展,当发展到一个新的历史时期,同样,资本家中等阶级——法国人将他们称为"资产阶级"就不可避免地随之出现了,资产阶级同土地贵族展开了一系列的斗争,推翻了土地贵族的统治,最终在经济

---

①《马克思恩格斯文集》第10卷,人民出版社2009年版,第106页。
②《马克思恩格斯文集》第3卷,人民出版社2009年版,第544页。

上和政治上获得了统治地位,进而作为新的统治阶级登上了历史舞台。

　　但是,自从阶级产生以来,从来没有过一个时期社会可以没有劳动阶级。这个阶级的名称、社会地位有过变化,农奴代替了奴隶,后来本身又被自由工人所代替,所谓自由,是摆脱了奴隶地位的自由,但也是除自己的劳动力外一无所有的自由。然而有一点是很清楚的,无论不从事生产的社会上层发生什么变化,没有一个生产者阶级,社会就不能生存。可见,这个阶级在任何情况下都是必要的,虽然定会有一天它将不再是一个阶级,而是包括整个社会。①

　　段落大意:但是,自从人类社会进入阶级社会以来,无论人类社会如何进行更替,无论进入到哪一个历史发展时期,社会中都不可能没有劳动阶级。在人类社会发展的不同历史阶段,随着人类社会的发展变化,劳动阶级的名称、社会地位也在不断地发生着变化。在封建社会,奴隶社会的奴隶被封建社会的农奴所取代;发展到来了资本主义社会之后,封建社会的农奴又被资本主义社会拥有人身自由的工人所取代。这里所说的自由是指工人阶级摆脱了封建社会中农奴对封建地主阶级的那种人身依附关系而获得了自由,但是在资本主义社会中,工人阶级的自由就是除了拥有自己的劳动力之外是一无所有的。然而有一点是非常清楚的,无论社会上处于统治地位的剥削阶级是奴隶主阶级、封建地主阶级还是资产阶级,如果这个社会中没有一个从事社会生产的劳动者阶级,那么,人类社会将无法存在和继续向前发展。由此可见,虽然未来有一天劳动者阶级会随着阶级的消灭而消亡,整个社会最终走向无阶级的共产主义社会,但是无论是在哪一种阶级社会中,劳动者阶级都是不可或缺、必须存在的阶级。

---

①《马克思恩格斯全集》中文第2版第25卷,人民出版社2001年版,第534页。

那么现在,这三个阶级各自的存在的必要性如何呢? ①

段落大意:那么当人类社会发展到资本主义社会,土地贵族阶级、资产阶级和工人阶级这三个阶级各自存在的必要性分别是什么呢?

土地贵族在英格兰至少在经济上是无用的,而在爱尔兰和苏格兰,由于其本身的灭绝居民的倾向,它已经成为地地道道的祸害了。把人民驱往大洋彼岸或让他们饿死,以羊或鹿来代替他们,这就是爱尔兰和苏格兰的地主们可以自夸的全部功德。只要美国蔬菜和肉类的竞争稍微再加强一些,英格兰的土地贵族也会这样做,至少那些能够这样做的人,即在城市里有大房地产作后盾的人将这样做。至于其余的人,美国食品的竞争将会很快地替我们清除掉。这样清除掉很好,因为他们的政治活动,不管在上院或下院,都纯粹是国家的祸害。②

工业革命在英国不仅引起了巨大的经济变革,而且还引发了深刻的社会变革。一是引发了阶级关系的变化。人们的经济地位因为工业革命而发生了改变,由此也引起社会阶级关系的新变化。随着工业革命的开展,整个英国社会出现两极分化,工人阶级和资本家阶级逐渐形成并不断壮大。作为英国社会中的两大对立阶级,无产阶级同资产阶级之间的矛盾成为资本主义社会的主要矛盾。二是引起社会结构的变化。在工业革命之前,英国是一个农业国;经过工业革命,英国率先由农业社会进入工业社会,工业革命还极大地推动了英国的城市化进程。在城市化进程中,英国城市的社会结构发生了明显的变化。到19世纪30年代,英国社会中的主要阶级力量有三个,即土地贵族、工人阶级和资产阶级。

在英国社会中,最保守顽固的阶级是土地贵族阶级。为了维护本阶级的经济利益和在政治上的垄断地位,他们坚决反对任何触动自身利益

---

① 《马克思恩格斯全集》中文第2版第25卷,人民出版社2001年版,第534页。
② 同上,第534—535页。

的改革和内外政策,他们通过长期实施限制进口、支持出口的保护关税政策,甚至出台《谷物法》这种极其自私的法令来获取高额利润。土地贵族所推行的一系列内外政策,严重地损伤了工业资产阶级的利益。工业资产阶级在经济上已获得相当强大的力量,但在政治上的地位与其迅速膨胀的经济实力极不相称,这就使得资产阶级与贵族地主在经济和政治上的矛盾不断加剧。面对这样的状况,工业资产阶级为了争取和维护自身的权利,组织建立起自己的政治组织并声称:"大贵族在下院有充分的代表权……工业和商业却几乎全无代表! 它们是国家最重要的利益所在,是国家财富与力量的源泉,相比之下它们代表不足,而和国家的累赘(指贵族)有千丝万缕联系的每一项利益,却被代表得足而又足! 因此,改革这种状况对国家的昌盛极为重要。"他们强烈地提出改革的要求,公开开展了与土地贵族争夺政权的斗争。

段落大意:随着资本主义经济的不断发展,在英格兰,土地贵族已经没有什么存在的必要性;而在爱尔兰和苏格兰,由于土地贵族掌控着这些地区的政治、经济等各方面的权利,对广大劳动群众进行残酷剥削和压迫,致使他们陷于悲惨的处境之中,所以土地贵族已经成为名副其实的祸害了。劳动群众被他们驱赶到大西洋的对岸,或者因难以维持生计而饿死;他们还用羊或鹿这些牲畜取代了劳动群众的工作,以上这些就是爱尔兰和苏格兰的土地贵族们一直以来引以为傲的事。只要美国稍微加强一下在蔬菜和肉类方面与英格兰的竞争,那么,英格兰的土地贵族就会和苏格兰及爱尔兰贵族一样,他们也会这样去做,至少那些在城市里面拥有大量房地产作后盾的土地贵族会这样做,因为他们有能力做这样的事情,所以他们一定会这样做的。随着来自美国食品的竞争日趋激烈,至于其他的那些人,将会因此而被清除出去。通过这种方式将他们清除出去是很不错的,因为这些人无论是在英国的上议院还是在下议院,其所进行的政治活动对于英国来说都纯粹是有百害而无一利的。

但是,资本家中等阶级,这个建立了不列颠殖民帝国、树立了不列颠自由的开明自由主义阶级怎样呢? 这个实行了1831年议会改革、废除了谷物法并且减低了一种又一种捐税的阶级怎样呢? 这个创建了而且仍然指挥着英国的大工厂、大商船队和日益扩大的铁路网的阶级怎样呢? 肯定无疑,这个阶级至少同它指挥并领导着不断进步的工人阶级是一样必要的。[①]

1831年的议会改革是指英国选举法的改革。随着工业革命的不断发展,工业资产阶级希望通过改革选举制度同土地贵族和金融贵族争夺政治权力。19世纪20—30年代,由于英国出现工业萧条和农业歉收,加深了英国的社会危机,促使了工农群众的反抗运动频发,加之1830年爆发的法国七月革命又刺激了英国的民主运动。在这样的背景之下,英国的工业资产阶级借机提出对议会选举进行改革的法案。在推动议会改革过程中,由于广大人民群众积极参加其中,形成了规模巨大的议会改革运动。

但是,由于工业资产阶级和贵族都害怕议会改革运动引发革命,因此,最终他们相互妥协,于1831年9月在英国下院通过了议会改革法案,1832年6月,英国上院批准了该法案。根据新的选举法,取消了55个衰败选区的议席,还有30个选区的议席数量被减至一个,这些选区空出来的议席有的被分给了较大的工业城镇,其中过去没有议席的22个选区各获得了2个议席,另外21个选区各增加了一个议席,还有65个席位被增补给了郡选区。该法案还降低了对选民财产资格的限制,规定除了原来年收入40先令的自由持有农外,在农村,年收入在10英镑以上的公簿持有农、长期租约农,以及计收入在50英镑以上的短期租约农和交租

---

① 《马克思恩格斯全集》中文第2版第25卷,人民出版社2001年版,第535页。

50英镑以上的佃农都可以获得选举权。在城镇选区,年收入房租10英镑以上的房产持有人拥有选举资格。1832年的议会改革法案使中等阶级获得了选举权,选民的数量从改革前的478000人,增加到改革后的814000人。[①]

英国议会改革法的通过,让工业资产阶级控制了工业城镇的选举,在工业城镇中增加了自己的代表名额,大部分城乡中等阶级成为选民,获得了政治权利,这也为工业资产阶级进入议会打开了大门。但在这次议会改革中发挥了巨大作用的工人和小资产阶级,却仍然未获得选举权,只是充当了资产阶级争夺权力的工具而已。这次改革纯粹是资产阶级的改革,是整个资本家阶级对土地贵族阶级的胜利,改革的受益者是资产阶级,而且在改革过程中充分暴露出了资产阶级宁愿再同地主贵族相互妥协来共同对付人民群众的反动阶级本质。[②]

段落大意:但是,在英国,资产阶级这个建立起大不列颠殖民帝国,并且在大不列颠帝国建立起自由、开明和自由主义的资产阶级政权的阶级是否有存在的必要呢?资产阶级这个推动了1831年的议会改革、废除了《谷物法》并且降低了各种各样苛捐杂税的阶级是否有存在的必要呢?资产阶级这个创建了而且直到现在仍然还在控制着英国的大工厂、大商船队和日益扩大的铁路交通网的阶级是否有存在的必要呢?答案是毫无疑问的,在资本主义社会中,至少目前资产阶级和接受它的指挥并在它的领导之下不断发展壮大的工人阶级一样,是资本主义社会中必不可少的阶级力量。

资本家中等阶级的确是履行了如下的经济职能:创立现代蒸汽工业和蒸汽交通的体系,打破一切延缓或妨碍这个体系发展的经济和政治障

---

① 参见王觉非主编:《欧洲历史大辞典》上册,上海辞书出版社2017年版,第727页。
② 参见孔经纬等编:《〈马克思恩格斯选集〉历史词典》,商务印书馆1992年版,第380页。

碍。没有疑问,只要资本家中等阶级还执行着这种职能,在这种情况下它就是一个必要的阶级。但是,现在它还是那样吗?它还在继续履行它作为造福于全社会的社会生产的管理者和扩大者的重要职能吗?让我们来看一看吧。[①]

段落大意: 在资本主义社会中,资产阶级在经济上确实发挥了非常重要的领导作用,履行了以下这些管理社会经济的重要职能:他们建立起现代化的蒸汽工业体系以及以蒸汽为动力的交通体系,而且为了让这个体系能够得到发展,还从经济和政治上扫清了延缓或阻碍其发展的一切障碍。毫无疑问,只要资产阶级继续履行管理社会经济的这种职能,那么,在资本主义社会中,资产阶级的存在就没有任何悬念,它就是一个必要的阶级力量。但是,发展到今天,资产阶级还在履行其管理社会经济的这种职能吗?作为整个国家的社会化大生产的管理者和扩大者,资产阶级还在继续承担着自己造福于全社会的重要职能吗?下面让我们来看一看吧。

先看交通工具,我们看到,电报是在政府手里。铁路和大部分远洋轮船的所有者都不是亲自经营业务的单个资本家,而是股份公司,公司的业务则是由领工资的雇员,由实际上处于工资较高的高级工人地位的职员代为经营。至于说到董事们和股东们,他们都知道,前者干预业务管理越少,而后者干预业务监督越少,则对企业就越有利。松懈的而且多半是虚应故事的监督,事实上,是留给企业所有者的惟一职能。由此,我们看到,这些大企业的所有者资本家,实际上没有别的事可做,只是把半年一期的息票兑换成现款而已。资本家的社会职能在这里已经转移给领工资的职员,可资本家还是以股息的形式继续把这些社会职能的报酬装进自己的

---

①《马克思恩格斯全集》中文第2版第25卷,人民出版社2001年版,第535页。

腰包,尽管他已经不执行这些职能了。①

从19世纪70年代开始,资本主义开始由自由竞争阶段向垄断过渡。这一时期,由于资本主义的快速发展和第一次工业革命的持续推进,在自然科学领域实现了许多重大突破,而自然科学领域的这些重大突破,为新技术革命的发生准备了条件。在此之后,科学技术的飞速发展引发了人类历史上的第二次工业革命(它完成于20世纪初)。而新技术在工业生产中的广泛运用,使生产力获得了极大的发展,也为资本主义从自由竞争阶段向垄断阶段过渡准备了条件。自19世纪70年代以来,由于工业生产的飞速发展,尤其是重工业的迅速发展,使得企业规模不断扩大,这就对资本提出了越来越多的要求,股份公司出现并得到广泛的发展。随着股份公司的发展,资本与生产迅速地集中,垄断组织得以产生。在19世纪的六七十年代,个别的垄断组织开始出现在欧美一些主要资本主义国家;到19世纪末20世纪初的时候,生产和资本的集中在各个主要资本主义国家都达到了相当高的程度。此后发生的经济危机加速了许多中小企业的破产,进一步推动生产走向集中,这样垄断组织获得了较快的发展。为了独占生产和市场以攫取高额利润,资本主义大企业之间建立起垄断经济同盟——垄断组织。垄断组织有卡特尔、托拉斯、康采恩等多种形式。无论垄断组织采取哪种垄断形式,它们都是以生产集中、个别企业的规模越来越大为前提而形成的。因此,垄断组织既是一种旨在攫取高额利润的独占生产与市场的经济联合,又是生产高度社会化的超大型企业或企业集团。②

从19世纪70年代开始,英国经济发展速度放缓,相继被后起的德国和美国超越。一直以来,英国实行自由贸易政策,很少采用联合的辛迪加

---

①《马克思恩格斯全集》中文第2版第25卷,人民出版社2001年版,第535—536页。

②参见刘祚昌、王觉非主编:《世界史·近代史编》下卷,高等教育出版社2001年版,第245—247页。

和卡特尔进行销售。在英国，垄断组织之所以能够实现在生产上联合，一般来说是若干家大企业经过激烈的竞争之后，合并改组成为具有垄断性质的大股份公司，然后再进行一系列的兼并活动。这就造成了在各工业部门中，垄断组织的发展是极不平衡的。由于生产集中程度较低，同时拥有带来高额利润的庞大殖民地，所以英国那些像纺织业等具有优势地位的旧工业部门，垄断程度和垄断组织的发展程度都十分缓慢，远远低于德国和美国。但是英国在快速发展的重工业，特别是新兴工业方面，其垄断程度却是相对比较高的，甚至已经开始出现了涵盖多个部门的垄断联合企业。英国的轻工业方面情况相对复杂一些，有的部门尚未出现垄断组织，例如在棉纺和棉织这两个部门；而在棉线和染整这两个部门，由于生产比较集中，已经出现了垄断组织。在冶金工业中，则出现了一些著名的大冶金联合企业。

与工业生产的集中和逐渐形成垄断同时出现的是，银行资本的集中和程度较高的垄断。由此整个社会工商业的生产和经营慢慢地被银行资本所控制，而且银行资本还与工业资本相融合，最终形成"金融资本"。工业资本与银行资本的融合是通过多种方式实现的，这其中包括银行和工业企业相互购买对方的股票；双方的代表互兼董事会的董事；银行为工业企业发行股票、公司债券，发放长期贷款；银行建立自己的工业企业或工业企业建立自己的银行或金融公司等。在英国也逐渐形成了金融资本，但由于英国的银行大部分是商业银行（或称存款银行），一般不参与对国内工业进行长期投资，因此与工业资本的融合不如美、德等国明显。

为了攫取高额利润，大量的"过剩资本"被垄断资本家运往国外，其目的地包括经济落后国家和作为后起之秀的资本主义国家。在19世纪中叶，也就是自由竞争资本主义的时期，已经出现了输出资本的现象，而发展到19世纪末资本输出的规模越来越大，英国和法国是两个主要资本输出国。

段落大意：让我们首先来看看交通工具，在这里，我们能够清晰地发现，在资本主义国家中，电报业是被牢牢地控制在政府手中的。对于铁路和大部分远洋轮船来说，其所有者往往也都不是亲自经营这些业务的某一个资本家，而是股份公司；而股份公司的经营和管理业务是由领取工资的雇员来开展的，也就是说，公司的业务实际上是由地位较高、领取高工资的公司职员经手办理的。无论是公司的董事们还是股东们，他们的心里都非常地清楚，对于董事们来说，只有他们对管理公司的业务干预得越少，则对企业发展就越有利；对于股东们来说，只有他们对监督公司的业务干预得越少，那么对企业发展就越有利。事实上，懈怠的而且很大程度上是敷衍了事的监督，这就是这些企业的所有者仅剩下的唯一职能了。通过以上这些情况，我们可以看出，对于这些拥有股份制公司的资本家来说，实际上他们几乎没有什么别的事情可做，需要他们做的唯一的事情就是将债券利息票券兑换成现金，而这种事情只需要他们每隔半年做一次即可。由此可见，在股份制公司里面，领取工资的职员已经完全替代资本家履行相应的社会职能了，尽管资本家已经不再履行管理社会经济的这些职能了，但是他们还是将管理社会经济这些职能所应得到的报酬通过股息的形式最终又放进了自己的腰包。

倒是还有一个职能留给由于上述大企业的规模太大而被迫从业务管理中"引退"的资本家。这个职能就是拿着他们的股票到交易所去投机。因为没有更好的事情可做，我们那些"引退了的"或者实际上被取代了的资本家们，便到这个财神庙里赌个痛快。他们到那里是存心去捞钱，却假装说去挣钱。而且他们还要说，一切财产的来源都是劳动和俭省。说劳动和俭省是财产的来源也许还可以，但决不能说是财产的结果。强行封闭小赌场，而在同时，我们的资本家社会却不能没有一个输赢以几百万、几百万计的巨大赌场作为它的真正中心，这是何等的虚伪啊！在这里，这种"引退了的"握有股票的资本家的存在,确实不仅变得多余,而且成了一个十足的祸害。①

随着资本主义社会生产规模不断地扩大,出现了股份制公司。在股份制公司中,单纯的经理,也就是管理别人资本的那些人,基本上是由实际执行经营管理职能的资本家转化而来的;而单纯的所有者,也就是单纯的货币资本家其实是由那些资本所有者转化而来的。②

段落大意:其实,还有一个职能留给了那些"引退"的资本家,由于他们掌控的那些工业和交通运输业的企业规模过于庞大,这就迫使他们不得不从这些企业的业务管理中"退出来";留给这些被迫"引退了的"资本家的另一个职能就是他们拿着自己的股票到交易所去进行投机。因为没有什么更适合做的事情,所以那些"引退了的"资本家或者实际上被取代了的资本家,只能到股票交易所——这个在他们看来似乎是一个"财神庙"的地方去赌个痛快。本来资本家们去股票交易所的目的是捞一笔钱大发横财,但是他们却冠冕堂皇地说自己是去挣钱的。而且他们还大肆地宣扬道,所有的财产的来源都是依靠劳动和节俭。如果说劳动和节俭是财产的来源似乎还说得过去,但决不能说劳动和节俭是财产的结果。小赌场被强行关闭了,但与此同时,一个输赢以几百万、几百万计的巨大赌场却作为资本主义社会真正的中心依然存在着,这是多么虚伪啊!在资本主义社会中,对于这些手中握有股票却退出了企业经营的资本家来说,他们的存在不但是多余的,而且确实也已经成为资本主义社会的一个祸害了。

铁路和轮船运输业中的真实情况,也日益成为一切大工商企业中越来越真实的情况了。"开公司"——把大的私人企业改为有限公司——是

---

① 《马克思恩格斯全集》中文第2版第25卷,人民出版社2001年版,第536页。
② 参见《马克思恩格斯文集》第7卷,人民出版社2009年版,第495页。

近十多年来的流行现象。从伦敦城的曼彻斯特大货栈起，到威尔士和北英格兰的铁工厂和煤矿以及兰开夏郡的工厂，全都已经或正在变成公司。在奥尔德姆全城，差不多已经没有一个棉纺织厂留在私人手里了，而且连零售商人也日益为"合作商店"所代替，不过，其中大多数也只是名义上的合作商店而已——关于这一点，我们另外再谈。由此可见，由于资本家的生产体系本身的发展，资本家也完全和手织机工人一样被取代了。不过有一点不一样：手织机工人注定要慢慢饿死，而被取代的资本家却注定要慢慢撑死。但有一点他们一般说来是相同的，那就是他们都不知道自己该怎么办才好。①

段落大意：出现在铁路和轮船等交通运输业中的真实情况，也逐渐变为所有大工商企业中真实情况的写照。"开办公司"——将由私人所拥有的大企业改为股份制有限公司——可以说是近十几年来一种十分流行的做法。这些股份制有限公司是由伦敦城的曼彻斯特大货栈、威尔士和北英格兰的制铁工厂和煤矿以及兰开夏郡的工厂改制而来的。在奥尔德姆全城，几乎所有的棉纺织厂已经不再被私人资本家所掌控；"合作商店"的出现，甚至逐渐取代了零售商人，但是，这其中的许多"合作商店"只是名义上和形式上的，事实上是名不符实的——对于这一点，我们另外找机会再进行讨论。综上所述，可以看出，随着资本主义社会生产的发展，资本家也像过去手摇纺织机的工人一样开始逐渐被取代了。只不过资本家和手摇纺织机的工人相比有一点是不一样的，那就是随着机器大工业的广泛应用，手摇纺织机的工人注定会因为失去工作、难以维持生计而陷入破产的绝境，但是逐渐被垄断组织所取代的资本家却注定会因为建立起了新的垄断组织而变得越来越富有。然而资本家和手摇纺织机的工人之间也存在着相同点，那就是面对这种新情况，他们都不清楚自己应该如何应

---

① 《马克思恩格斯全集》中文第2版第25卷，人民出版社2001年版，第536—537页。

对才好。

因此,结果就是:我们现实社会的经济发展,越来越趋于集中,趋于生产的社会化,使生产成为不能再由单个资本家来管理的大企业。只要企业达到一定规模时,什么"企业主的眼光",什么这种眼光所创造的奇迹,立刻就变成纯粹的胡说。想像一下伦敦和西北铁路的"企业主的眼光"吧!但是企业主不能做的事情,工人、公司中领工资的职员却能做而且做得很成功。①

段落大意:因此,资本主义社会走向垄断阶段的结果就是:资本主义社会的生产越来越走向集中,生产的社会化程度越来越高,单个资本家经营的大企业已经没有能力来管理整个社会生产。只要资本家经营的企业规模达到一定程度的时候,再说什么所谓的"企业家具有的战略眼光",所谓这种战略眼光所创造出来的奇迹,这些说法立刻就成为无稽之谈了。我们想象一下所谓伦敦和西北铁路的企业主们的眼光吧。但是,企业主所不能做的事情,工人们和公司中领取工资的职员却可以做,而且他们还做得相当成功。

因此,资本家再也不能把他所要求取得的利润说成是"进行监督的工资"了,因为他什么也没有监督。当资本的辩护人向我们耳中大灌此种站不住脚的辞令时,我们要记住这一点。②

段落大意:所以,资本家再也不能将他们自己所要求获得的利润说成是自己"进行监督而获得的工资"了,因为实际上他们根本没有做什么监督工作。特别是那些一直充当资本辩护者的人不遗余力地向我们灌输这些不攻自破的说法时,我们一定要牢牢记住这一点。

---

① 《马克思恩格斯全集》中文第2版第25卷,人民出版社2001年版,第537页。
② 同上。

但是在我们的前一号周报里,我们已经试图说明:资本家阶级也已经变得没有能力管理本国巨大的生产体系了,他们一方面扩大生产,以致周期地以产品充斥一切市场,而另一方面,又越来越无力抵御外国的竞争。由此我们看到,不单单是我们不要资本家阶级干预就能够把本国的大工业管理得很好,而且他们的干预越来越成为一种祸害了。[1]

到19世纪六七十年代,工业革命在欧美的主要资本主义国家先后完成,这就带来了资本主义社会生产的快速发展,以前所未有的规模迅速积累起来的资本以及日趋激烈的国际竞争。这一时期,资本主义的生产方式也出现了剧烈变化,主要体现在资本主义从自由竞争阶段逐渐向垄断过渡,而且垄断最终还占据了支配地位。针对于此,恩格斯指出:"一些新的产业经营的形式发展起来了。这些形式代表着股份公司的二次方和三次方。在大工业的一切领域内,生产现在能以日益增长的速度增加,与此相反,这些增产的产品的市场的扩大却不断地变慢。大工业在几个月中生产的东西,市场在几年内未必吸收得了。此外,那种使每个工业国家同其他工业国家,特别是同英国隔绝的保护关税政策,又人为地提高了本国的生产能力。结果是全面的经常的生产过剩,价格下跌,利润下降甚至完全消失;总之,历来受人称赞的竞争自由已经日暮途穷,必然要自行宣告明显的可耻破产。"[2]

段落大意:但是在上一期的《劳动旗帜报》中,我们已经试图说明这样一个事实:那就是由于资本主义已经由自由竞争阶段向垄断阶段过渡,资本家阶级已经越来越不具备管理本国巨大的生产体系的能力了。这是因为,一方面,资本家阶级通过扩大社会生产,造成生产出来的产品在市场上供过于求,出现过剩并引发周期性的经济危机;而另一方面,面对来自

---

[1]《马克思恩格斯全集》中文第2版第25卷,人民出版社2001年版,第537页。
[2]《马克思恩格斯文集》第7卷,人民出版社2009年版,第496页。

外国的激烈竞争,资本家阶级越来越没有能力与之相抗衡。由此我们可以清楚地看到,不仅是因为没有资本家阶级的干预,我们就能够把本国的大工业管理得非常好;而且他们的干预已经越来越成为危害本国大工业生产的罪魁祸首了。

我们再一次对他们说:"走开！让工人阶级来干一干吧！"①

段落大意:因此,我们再一次地对这些资本家说:"请你们快走开吧！把机会让给工人阶级,让他们来干一番事业吧！"

弗·恩格斯写于 1881 年 8 月初

作为社论载于 1881 年 8 月 6 日《劳动旗帜报》第 14 号

原文是英文

中文根据《马克思恩格斯全集》1985 年历史考证版第 1 部分第 25 卷翻译

---

① 《马克思恩格斯全集》中文第 2 版第 25 卷,人民出版社 2001 年版,第 537 页。

第三部分　经典著作选编

恩格斯致马克思

伦　敦

1858年10月7日于曼彻斯特

亲爱的摩尔：

……琼斯的事非常令人厌恶。他在这里召开了一次群众大会，并完全按照新同盟的精神讲了话。根据这件事来看，几乎确实应该相信：英国无产阶级运动的旧的传统的、宪章运动那样的形式必须首先彻底毁灭，它的新的、具有生命力的形式才能发展起来。不过也很难想象，这种新的形式将是什么样子。此外我觉得，琼斯的新动向，与过去建立这种同盟而多少获得成功的一些尝试联系起来看，的确是有其根源的：英国无产阶级实际上日益资产阶级化了，因而这一所有民族中最资产阶级化的民族，看来想把事情最终弄到这样的地步，即除了资产阶级，它还要有资产阶级化的贵族和资产阶级化的无产阶级。自然，对一个剥削全世界的民族来说，这在某种程度上是有道理的。在这里，只有出现几个极坏的年头才能有所帮助，但是自从发现金矿以来，看来这样的年头已不再那么容易遇到了……

选自《马克思恩格斯文集》第10卷，人民出版社2009年版，第164—165页。

恩格斯致爱德华·伯恩施坦
苏 黎 世

[草稿]

[1879年]6月17日[于伦敦]

我昨天才收到您13日的来信，在答复这封信时，我必须遗憾地通知您，我不能向您推荐一个能切实按要求撰写您所需要的那种文章的人。

英国的工人运动多年来一直在为增加工资和缩短工作时间而罢工的狭小圈子里毫无出路地打转转，而且这些罢工不是被当做权宜之计和宣传、组织的手段，而是被当做最终的目的。工联甚至在原则上根据其章程排斥任何政治行动，因此也拒绝参加工人阶级作为阶级而举行的任何一般性活动。工人在政治上分为保守派和自由主义激进派，即迪斯累里（比肯斯菲尔德）内阁的拥护者和格莱斯顿内阁的拥护者。所以，关于这里的工人运动，只能说这里有一些罢工，这些罢工无论是成功还是失败，都不能把运动推进一步。在生意萧条的最近几年里，这样的罢工常常是资本家为找到关闭自己工厂的借口而故意制造出来的，它不能使工人阶级前进一步，把这样的罢工吹嘘为具有世界历史意义的斗争，例如像这里的《自由》所做的那样，在我看来只有害处。毋庸讳言，目前在这里还没有出现大陆上那样的真正的工人运动；因此，我认为，即使您暂时得不到有关这里工联活动的报道，对您也没有多大损失。

选自《马克思恩格斯文集》第10卷，人民出版社2009年版，第436—437页。

恩格斯致马克思
阿尔让台

1881年8月11日于约克郡

布里德林顿码头望海路1号

亲爱的摩尔：

你的挂号信昨天晚上收到了，不过仍然是开口的，而且这次是完全开口的。我把信封给你附上，你可以看看，它甚至没有粘住。

刚刚给杜西用挂号寄去一张五十英镑的支票。如果你想把其余的二十英镑（你要的三十英镑以外的）中的一部分或全部寄到巴黎去，那么由杜西来办比你去兑换直接给你寄到伦敦的支票要快些。寄往巴黎的汇票，杜西很容易收到。

关于法国的选举我完全同意你的意见。这个议院反正开会开不长，连名投票法一旦施行，它很快就会再度被解散。

昨天早晨我通知希普顿先生说，他再也不能从我这里得到社论了。考茨基给我寄来一篇关于国际工厂立法的软弱无力的作品，译文很糟，我作了修改并寄给了希普顿。昨天收到了校样和希普顿的信，有两处他觉得"太激烈了"，并且对其中一处他还有误解；他问我是否同意把它们改得缓和些。我已做了并答复如下：

(1)星期二建议我作修改(信是星期三收到的),而我的答复要到星期四,即在报纸出版之后才能寄到伦敦,这有什么意思;

(2)如果这对他来说太激烈,那末对于我的还要激烈得多的文章他更该觉得是这样了,所以如果我停止供稿,对我们双方都会更好一些;

(3)我的时间不再允许今后每周定期写社论。此事我本来打算在工联代表大会(九月份)之后通知他的。但是在目前情况下,如果我现在就停止供稿,也许他在这次代表大会面前的处境会得到改善;

(4)毫无疑问,他有责任在关于麦克斯·希尔施的文章排印之前把它拿给我看看。我不能继续担任"报纸的撰稿人了,因为它极力颂扬德国工会,而这些工会只能与被中产阶级收买了的,或至少是领取中产阶级报酬的人所领导的最坏的英国工联相比。"另外我祝他一切幸运等等。这封信他今天早晨已经收到了。

最主要的原因我没有告诉他:就是我的那些文章对该报的其他东西和对读者不起任何影响。如果多少有点影响的话,那就是来自自由贸易的秘密信徒方面的不显露的反应。报纸依然是各种可能的和不可能的幻想的混合物,而在具体政治问题上或多或少地——毋宁说是更多地——倾向于格莱斯顿。在一期或两期报上似乎出现过的反应又不见了。不列颠工人完全不想再继续前进,他们只有通过事变,通过工业垄断权的丧失,才能振作起来。而暂时也只能是这样。

我们住在这里到今天已两个星期了,天气变化无常,大部分时间都很冷,并且经常是阴天;不过雨下得并不那么多。我们在这里至少还要再呆一个星期,也许两个星期,但无论如何不会更久。

我自从到这里以后,看的是《每日新闻》而不是《旗帜报》。该报蠢得不可思议:鼓吹反对活体解剖!而在消息方面它同《旗帜报》一样贫乏。

希尔施的消遣旅行会给他带来害处;但对他毫无办法。

衷心问候你们大家。

你的 弗·恩·

选自《马克思恩格斯全集》中文第1版第35卷,人民出版社1971年版,第17—19页。

恩格斯致乔治·希普顿
伦　敦

[草稿]

1881年8月15日于布里德林顿码头

尊敬的希普顿先生:

我不能理解,对考茨基先生的文章您怎么能作这样奇怪的解释。对第一处您反对说,国家干预违背"许多著名工会活动家"的意愿。当然是这样,因为他们灵魂深处是曼彻斯特学派的信徒,而要是听他们的意见,就不可能有任何工人阶级的报纸。但是,我对文章的这个地方所作的补充本来应当使您相信,这里指的是,而且指的仅仅是象在英国老早就通过工厂立法合法化了的那种国家干预,如此而已,——这是甚至您的"著名活动家"也不反对的东西。

至于第二处,考茨基先生的文章说:对竞争战争实行国际调整,如同对公开战争实行调整一样,都是必要的,——我们要求一个为了全世界工人的日内瓦公约。"日内瓦公约"是各国政府为了战时保护伤员和野战医院而签订的条约。因此,考茨基先生所要求的东西,也就是各国政府之间的一个类似的协定,以保护不仅一个国家的,而且是所有国家的工人,特别是妇女和儿童免除过度的劳动。我完全不能理解,您怎么能够把这点解释为号召全世界的工人在日内瓦召开一次代表会议。

请您同意,您对问题作如此错误的理解,这件事无论如何不能促使我重新考虑自己的决定。

至于论述希尔施的文章,我非常清楚地知道,埃卡留斯先生是我们事业的叛徒,我决不可能给为他提供版面的报纸写文章。

况且我没有发现任何一点进步。《劳动旗帜报》和过去一样,仍然是传播关于一切政治和社会问题的形形色色的和互相矛盾的观点的工具,在它刚办起来的时候这也许是不可避免的,可是,假使不列颠工人阶级中间存在着力图摆脱自由派资本家影响的流派,现在这种情况就不应当再继续下去了。既然到目前为止这种流派还没有表现出来,那我就应当得出结论说,它并不存在。如果有确凿的迹象表明存在着这样的流派,那我就要尽一切力量帮助它。可是,我不认为,每星期写一栏文章,可以说是淹没在《劳动旗帜报》上提出的其他各种形形色色的观点之中,这对于它的建立会有多少帮助。

正如我已经说过的那样,由于时间不够我已决定在工联代表大会之后停止写稿;所以在此以前我是否还写几篇文章,没有任何意义。

最后,我等待和期望着更美好的时候。

仍然忠实于您的 弗·恩·

选自《马克思恩格斯全集》中文第 1 版第 35 卷,人民出版社 1971 年版,第 202—203 页。

恩格斯致爱德华·伯恩施坦
苏　黎　世

1882年1月25—31日于伦敦

亲爱的伯恩施坦先生：

……关于德国"领袖"中的情况的报道，使我们很感兴趣。我从来不讳言：在我看来，德国的群众要比领袖先生们好得多，特别是在党由于报刊和宣传而变成了为这些领袖提供黄油的奶牛，而俾斯麦和资产阶级却突然宰了这头奶牛之后，情况就更是这样了。上千人因此一下子被剥夺了生存条件，他们没有被直接置于革命者的处境中即没有被放逐到国外去，这是他们个人的不幸。否则，许多现在垂头丧气的人都会转到莫斯特的营垒里去，或者无论如何会认为《社会民主党人报》是过于温和了。这些人大部分都留在德国，而且必须这样做；他们大部分都去了相当反动的地方，受到社会排斥，为了自己的生存而依靠庸人，因而大多数人也被庸俗习气所侵蚀。他们的一切希望很快都集中在废除反社会党人法上面来了。在庸俗习气的压抑下，在他们中间产生了一种确实荒唐的幻想，以为只要温顺就可以达到目的，这是毫不足怪的。对意志薄弱的人来说，德国是一个很坏的国家。日常关系和政治关系的狭隘琐碎，甚至在大城市中也存在的小城市风气，在同警察和官僚进行斗争时总要遇到的小小的但是层出不穷的刁难——这一切把人弄得精疲力竭，而不是激发人起来反抗；于是，在这个"大幼儿园"里，许多人自己也变得很幼稚了。生活条件的狭隘造成了眼界的狭隘，以致生活在德国的人，必须有很大的智慧和精力才能超出身边的事物而看得更远一些，才能看见世界大事的巨大联系，才不至于陷入自满自足的"客观性"。这种"客观性"不能看得比自己的鼻子更远，因此恰恰是最狭隘的主观性，虽然它是成千上万的这种人都具有的。

但是，无论这种用"客观的"过分聪明来掩盖自己缺乏判断力和抵抗力的倾向是怎样自然而然地产生的，我们还是必须对它进行坚决的斗争。而在这里，工人群众本身是最好的支点。在德国，只有他们是生活在比较现代的条件下，他们的一切大大小小的不幸都是资本的压迫所造成的；德国的其他一切斗争，无论是社会斗争或政治斗争，都是琐碎的和微不足道的，都是围绕着一些在别的地方早已解决了的琐碎的事情打转，而工人的斗争是唯一伟大的、唯一站在时代高度的、唯一不使战士软弱无力而是不断加强他们的力量的斗争……

选自《马克思恩格斯文集》第10卷，人民出版社2009年版，第469—470页。

恩格斯致约翰·菲利普·贝克尔

日 内 瓦

1882年2月10日于伦敦

老朋友：

……我们已经考虑过你的建议，认为实行这个建议的时机还没有到来，但是，它是很快就会到来的。第一，一个新的经过正式改组的国际，在德国、奥地利、匈牙利、意大利和西班牙都只能招致新的迫害，最后只能是二者择一：要么放弃这一事业，要么使这个组织成为秘密的。后一种做法是不幸的，因为它不可避免地会产生阴谋和暴动的欲望，同样不可避免地会让密探混进来。甚至在法国，也完全有可能重新利用那个还根本没有废除的反对国际的法律。

第二，在目前《平等报》和《无产者报》争吵不休的情况下，对法国人根本不能有所指望，可是必须表明自己支持哪一方，但这样做也有它的坏处。至于我们自己，我们是站在《平等报》方面的，但是我们仍然要避免现在就公开出面支持这些人，这是因为，尽管我们明确地向他们提出过警告，他们还是一再犯策略上的错误。

第三，同英国人打交道，现在比过去任何时候都更困难。在五个月当中，我一直力图通过《劳动旗帜报》（我为它写过社论）从论述往日的宪章运动开始来传播我们的思想，看看这样是否能得到一些反应。但毫无结果，因为那位编辑，一个好心的但是很软弱的人，最后对我在该报所写的大陆上的异端邪说也感到害怕了，所以我就放弃了这个打算。

所以，只剩下这样一个国际，这个国际，除比利时以外，仅仅限于流亡者，因为除了日内瓦及其近郊，连瑞士人也不能指望，——请看一看《工人呼声》和毕尔克利。但是，花费力气去建立一个仅仅由流亡者组成的协会，未必是值得的。因为荷兰人、葡萄牙人、丹麦人也帮不了多少忙，而同塞尔维亚人和罗马尼亚人打交道则越少越好。

但是另一方面，国际实际上是继续存在着的。各国革命工人之间的联系，就其能够发挥作用而言，也还是保持着的。每一个社会主义的报刊都是一个国际的中心；从日内瓦、苏黎世、伦敦、巴黎、布鲁塞尔、米兰向四面八方伸展出许多线，互相交叉，而我实在看不出，在目前，让这样多的小中心聚结在一个大的主要中心的周围会给运动带来什么新的力量——恐怕这只会增加摩擦。但是，正因为如此，当需要把这些力量集合起来的时机到来的时候，这是可以立即做到的，并不需要做长期的准备。每一个国家的先进战士的名字在其他所有国家中都是人所共知的，任何一个由他们签署并为他们拥护的公开行动都会产生巨大的影响，——这和大多为人们所不知道的旧总委员会委员们的名字完全不同。正因为如此，在这种行动能够起决定性作用之前,即当欧洲的事变促使它诞生之前,应当暂不采取这种行动。否则就会损害它将来的效果,就只能是徒劳无益的。这样的事变正在俄国酝酿着,在那里,革命的先锋队就要出击了。照我们看来,应当等待这样的事变以及在德国必然产生的反应,——到那时,采取伟大的行动和建立一个正式的真正的国际的时机就到来了,不过到那时,它再也不会是一个宣传的团体,而只能是一个行动的团体了。因此,我们坚决主张,这样一种优越的斗争手段,决不应当在还比较平静的时期,即革命的前夜就使用它,损害它,从而削弱它的作用。

我相信,如果你再次考虑一下这个问题,你就会同意我们的意见。现在,我们俩都祝你早日痊愈,并且希望很快听到你又完全恢复健康的消息。

永远是你的 老弗·恩·

选自《马克思恩格斯文集》第10卷,人民出版社2009年版,第476—478页。

恩格斯致卡尔·考茨基
维 也 纳

1882年9月12日于伦敦

亲爱的考茨基先生:

……您问我,英国工人对殖民政策的想法如何?这和他们对一般政策的想法一样:和资产者对它的想法一样。这里没有工人政党,只有保守派和自由主义激进派,工人十分安然地分享英国在世界市场上的垄断权和英国的殖民地垄断权。依我看，真正的殖民地，即欧洲移民占据的土地——加拿大、好望角和澳大利亚，都会独立的；相反地，那些只是被征服的、由土著人居住的土地——印度、阿尔及利亚以及荷兰、葡萄牙、西班牙的属地，无产阶级不得不暂时接过来，并且尽快地引导它们走向独立。这一过程究竟怎样展开，还很难说。印度也许会，甚至很可能会闹革命，既然争取解放的无产阶级不能进行殖民战争，那就必须容许它这样做，那时自然不会没有种种破坏，但是，这类事情恰恰是任何革命都免不了的。在其他地方，如阿尔及利亚和埃及，也可能发生同样情况，这对我们来说当然是最好不过的事情。我们在自己家里将有足够的工作要做。只要欧洲和北美一实行改造，就会产生巨大的力量和做出极好的榜样，使各个半文明国家完全自动地跟着走，单是经济上的需要就会促成这一点。至于这些国家要经过哪些社会和政治发展阶段才能同样达到社会主义的组织，我认为我们今天只能作一些相当空泛的假设。不过有一点是肯定的：胜利了的无产阶级不能强迫他国人民接受任何替他们造福的办法，否则就会断送自己的胜利。当然，这决不排除各种各样的自卫战争。

埃及的事件是俄国外交制造的。让格莱斯顿侵占埃及（埃及还远未落入他的手中，他即使能得到埃及，也远不能守住），以便俄国占据亚美尼亚，按照格莱斯顿的说法，这样做又可以把一个基督教国家从伊斯兰教的压迫下解放出来。在这件事上其余的一切都是幌子、托词、借口。这种企图是否会得逞，很快就会见分晓。

热情问好。

您的　弗·恩·

选自《马克思恩格斯文集》第10卷，人民出版社2009年版，第480—481页。

恩格斯致奥古斯特·倍倍尔

勃斯多尔夫

1883年8月30日于伊斯特勃恩市

卡文迪什街4号

亲爱的倍倍尔：

趁此安静时刻，写信给你。在伦敦有许多工作，在这里则有许多干扰（三个大人和两个小孩同住一个房间！），同时还要作校对工作并校订《资本论》的英文试译稿和法文的通俗简述，——看，我得在这种情况下写信！

作了许多补充的第三版，我已校到第二十一个印张；这一版年底即可问世。我一回去，就要坐下来搞第二卷，这是一项巨大的工作。除了完全写好的部分外，其他的还很粗糙，全是草稿，大约只有两章例外。引文没有条理，随便记在一起，仅仅是为了日后选用而搜集起来的。而且那种字迹只有我才能认得出来，但也很费劲。你问，怎么会连我也不知道该书完成的程度？很简单，要是我知道的话，就会使他日夜不得安生，直到此书写成并印出来为止。这一点，马克思比谁都知道得更清楚，但是他也知道，万不得已时（现在正是这样），手稿会由我根据他的精神出版的，这一点他跟杜西也谈过。

至于照片，头部照得好极了，就是姿势不大自然，所有他的照片都是这样，他不会"摆姿势"。我在这张照片中没有发现什么不顺眼的地方，但是毕竟由于姿势不大自然，我倒喜欢那张小的，而不喜欢那张大的。

汉堡的选举在国外也产生了强烈的反应。我们的人表现得非常好。在同德国现实中那些大大小小丑恶现象进行的斗争中，这种坚韧、沉着、灵活和战斗决心,这种充满胜利的信心和幽默,是德国近代史上前所未有的。这在德国社会其他各阶级贪污成风、委靡不振和道德败坏的情况下,显得特别突出。他们暴露出自己没有掌握政权的能力,而德国无产阶级则光辉地显示出自己有取得统治的才能和推翻这整个旧的龌龊世界的能力。

俾斯麦的"给巴黎喷冷水"的说法,即使在法国资产者听来,也是可笑的。甚至象《夜晚报》这样一份愚蠢的报纸也已发现,这不过是硬要使国会批准给军队的新拨款(这次是拨给野战炮兵)。至于他的盟国(他已经堕落到同塞尔维亚、罗马尼亚结盟的地步,现在甚至堕落到同西班牙结盟的地步),不过是一些纸牌搭成的房子,只要一阵风,就会把它们刮倒。如果他走运,他没有它们也行,如果他倒霉,他就会给它们扯住后腿。骗子越是心黑无耻,就越以为别人诚实可欺,因此到头来还是毁掉自己。俾斯麦和他的对外政策,未必能够走得这样远,因为法国人是不会让他们这样称心如意而不卷入纷争的。只有沙皇先生才会绝望地去做这种尝试,自取灭亡。不过,但愿他在这之前就在自己家里招致灭亡。

伦敦的民主联盟宣言大约是由二三十个小团体发表的。这些小团体至少二十年来用过各种不同的名义(参加者始终是同一些人),一再企图使人们认真看待它们,但总是没有什么结果。重要的仅仅在于:现在他们终于不得不公开承认我们的理论,而我们的理论在国际存在时在他们看来却是从外强加的;最近在资产阶级中间出现了许多青年人,他们对这些问题比工人弄得更清楚,比工人表现出更大的热情,这是英国工人的耻辱。要知道,甚至在民主联盟里边,工人也多半只是勉强地和表面地承认新的纲领。民主联盟的头子海德门以前是一个保守党人,是一个沙文主义情绪极端严重的、但并非愚蠢的野心家,他对待马克思相当卑鄙(是鲁·迈耶尔介绍他们认识的),因此我们同他断绝了私人关系。如果有人告诉你,在英国正在展开真正的无产阶级运动,你千万不要相信。我知道,李卜克内西想使自己和全世界都相信这一点，但这是不确实的。现在表现积极的分子，在承认了我们的理论纲领，从而站到坚定的立场上之后，是能够起一些作用的，但这只有在这种情况下才有可能，就是在这里开始展开群众性的工人运动，并且他们能够掌握这个运动。在这之前，他们是些单干的人，而支持他们的却是一些乌合之众——糊里糊涂的宗派主义者、四十年代伟大运动的残余分子，此外再也没有别的人了。但是，只有当工人感到英国的世界垄断地位被打破时，一个真正普遍的工人运动才会在这里兴起（如果不发生什么不可预料的情况的话）。参与世界市场的统治，过去是而且现在依然是英国工人在政治上消极无为的经济基础。他们既然充当了资产阶级在经济上利用这种垄断地位的尾巴，并且毕竟总是分享资产阶级的利润，那他们自然就会在政治方面充当"大自由党"的尾巴，而这个党又给他们一些小恩小惠，如承认他们有建立工联和罢工的权利，不再坚持无限制的工作日，并给予那些报酬较高的工人以投票权。但是，一旦美国和其他工业国家的联合竞争，对这种垄断打开一个相当大的缺口（在铁的方面，这已为期不远；在棉花方面，可惜还很远），那时你就会看到，这里将会发生一些什么事情。

我已请李卜克内西转告你，如你从现在起到9月12日之间到达姆斯塔德附近去，就请你把这一点告诉现正住在那边的肖莱马，好让他到时候能够同你见见面。不过，现在大概已经晚了。向李卜克内西问好。

你的 弗·恩·

选自《马克思恩格斯全集》中文第1版第36卷，人民出版社2016年版，第57—60页。